歴史的類比の思想

改装版

田川建三

勁草書房

まえがき

語の価値は、世の人々の意識の進むにつれて変化する。私はよく人前で自分をよぶのに、「私は一介の新約学者にすぎませんが」という言い方をしていた。何となく当り前にそう言っていたので、おそらく十一年ほど前に留学生活を終えて日本に帰って来て、「新約学」なるものの教師をしてくちすぎするようになってから、おのずとそう言っていたのだと思う。ところが比較的最近になって、この言い方がずっと人様のひんしゅくを買っていたのだ、ということをさる人から教えられて、びっくりすると共に、面白く思った。つまり、「学者」というのは尊敬をこめた表現なので、自分のことを「学者」と呼ぶなどはあまりに傲岸だ、というのである。自分としては謙遜した自己卑下のつもりで言っていたのだから、このように逆の意味に受けとられていたのだとすると、かたなしである。言われて見れば確かに、自分でも二十歳の頃までは、「学者」という語をかなりな尊敬をこめて用いていたなあ、ということを遠い過去のことのように思い出す。

自己卑下というといささか言いすぎかもしれぬ。誰でもおのれを人様に紹介する時に、おのれのなりわいとすることについては、何ほどかの誇りと自信をもって、しかし、それ以外のことはあまりよく知らないし、よくできないのですみません、という感じで「私は一介の……にすぎませんが」というものである。つまりいつの頃からか「学者」という語は、私の頭の中では、一つの職業名しか意味しないようになっていた。もっとも最近の若い層の人達にとっては、こんなことは当り前なことかもしれない。私でさえ、人から指摘されるまでは、当り前にそうと思っていたのだから。

しかし、「学者」という語が私の頭の中でもう一まわり価値を失っていたのも事実である。直接間接知っている数多くの同業者の実態を思うにつけ、いわば近親憎悪的に「学者」であることが気恥ずかしく思え、そして、自分のことは自分ではわからないから、同業者の姿におのれを見て、自分も所詮「学者」の一人にすぎないのだろうなあ、と自己卑下を伴って「学者」の語をおのれにあてはめるようになっていた。

世間では一応、「学者」とはその専門領域のことについてはよく知っていて、信用に価する、と思われている。実際、相当程度までそうには違いないので、そこまで否定する気はない。そして世間では、専門馬鹿というと、度はずれて均斉のとれない者、自分の専門以外のことについては絶望的に何も知らない者、ということになっている。しかし私は、それでいいではないか、と思っていた。今でも、多少意味あいは違うが、そう思っている。おのれの本職において十分に貢献していれば、それでいいはずなのである。その点で私は、安手の「専門化現象反対」などと叫ぶのに組する気は全然ない。一つのことさえろくすっぽできないのに、あっちこっち手を出してできたようなつもりになっても仕方がない。

だが、そうこうしているうちに、もう少し違うことに気がついてきた。専門家諸氏はその専門とすることの理解において、実に幼稚な理解しかできていないのではないのか、ということである。前言を直ちにひるがえすようだが、学者専門家の専門的知識は意外と軽薄なものなのである。前言を補って言い直せば、学者専門家はその専門とすることについて、非常に多くの素材を持っている。この点が素人との根本的な相違なのである。この相違は何としても打ち消し難い。しかし、多くの素材を持っているからとて、それを的確に理解できるとは限らない。むしろ、多くの学者専門家は、素材を多く収集するということに疲れ果てて、素材を的確に理解するところまでは力がまわらない。いやさらに多数の者達は、素材を多く持っているということだけですでに素材の的確な理解をなしえたかの如く思いこみ、おこがましくも思いあがるのである。その結果、一番よく知っているはずの専門領域のことについて、その知識にもかかわらず、はたから見ていてあきれるほどの幼稚さ加減をさらけ出してしまうのである。

これは学問のすべての分野について言える。自然科学の個々の専門領域がその厖大な「知識」の故にむしろ破壊的な力を持つのは、その幼稚さ加減のせいである。しかし歴史を相手とする場合——狭義の歴史学だけでなく、人間を対象とするすべての学問は歴史を相手としているはずなのだが——このことは特にあてはまる。

この場合、対象の的確な理解を得ようと思えば、人間を全体としてとらえる以外に仕方がない。言語の一部を研究しようと、経済の一局面をとらえようと、古代史の一片と取り組もうと、人間を全体としてとらえる中でそれをなすのでなければ、理解することは不可能である。ただしここで、人間の全体像ということで、観念論的な思弁をひねくりまわして宗教家の説教よろしくこれが人間の全体像です、などというのを相手にすることはない。そのような「全体像」の中に、おのれの専門領域の一局面をはめこんで「位置づけ」てみても、思弁の遊びにすぎぬ。人間の全体像とは、人間存在の世界史的ひろがり以外の何ものでもない。古代一世紀の小アジアと、現代のアフリカと、あるいはまた十二、三世紀西南フランスと現代ドイツとの、一見およそつながってこない様々な歴史の断片が、そして実際、他には決してありえない独自の個性をもったそれぞれの歴史の断片が、しかも相互に微妙に類比する音色をとどろかして合唱しはじめる時、そこに人間の全体像がある。ただしその合唱は、現代日本の中に生きているおのれの具体的な生活の中にひびいてきてはじめて、というよりもむしろ、その生活の中から響きはじめていってはじめて、生きた人間の全体像となる。

一つの著作が仕上りかかっている時には、十年も二十年も先になすかもしれない仕事の像が頭にちらちらする。未だに天皇制を廃絶しきれない我々にとって、あの強固なスルタン・カリフ制を廃絶しえたトルコの近代化がどういうことであったのか、類似の状況の比較としてとりくんでみたいし、あるいはまたそれとかなり位相を異にしつつからまってくる古代末期のローマ帝国のキリスト教化を洗い上げることもしてみたい。むろん、そういう仕事に将来本当に手をつけられるかどうかはわからないが、そういう仕事の像が頭にちらちらするのは、何故我々が未だに天皇制を廃絶しきれないのか、どうすればそこまで行きつけるのか、さらに、その天皇制の表皮の下にうずくまる巨大な日本近代化という怪物を相手に日々すったもんだやっている我々の問題状況があるからである。

本書に並べた四つの評論は、扱っている主題だけから見れば、相互におよそ無関係のようである。実際、二年間の滞在の予定で当地に来たのが、一年間で帰国せざるをえないはめになった時に、帰国旅費さえたまっていなかったから、過去に発表した評論を集めて売って、ともかく日本にたどりつこう、と思ったのがことのはじまりである。幸いにして、予定通り二年間滞在することになり、帰国旅費も半分は少くとも支給されることになったから、あわてる必要はなくなったものの、本来は一つ一つ独自にさらに発展させねばならないはずのとっかかりの評論を、それ以上発展させる時間的余裕がないままに、四つ並べただけである。実際、『マチウ書試論』論は、自分のマタイ論の序説にするつもりが、これはまだ仕上るのに五、六年はかかりかねないし、吉本氏の作品の評論とは別の仕事になるから、結局、本書にこれだけ採用することにした。また、「ウェーバー」の方は、これをきっかけに、さらに一方では、日本におけるウェーバー好みの現象から日本近代化のイデオロギーの質を洗い上げ、他方では、ウェーバー自身、特にその知識人論を問題にしつつ近代的「学問」の質を洗い上げていこう、と思っていたのだが、こちらの方は、どうやら、もっとほかに重要なことが多いので、生きている間に手がけることはなさそうである。

しかし幸い、僅かながらも時間的余裕が生じたので、過去に雑誌に発表したものはこの二篇を採用するにとどめ、新しく二篇を書き下した。前二篇はドイツに出発する前の一九七一年に、後二篇はドイツを離れてアフリカに来て一年たった一九七五年に書いた。中間にはさまったドイツ滞在当時の思索のあとは、また別の形で公にすることもあろうかと思う。後二篇は、アフリカに生活していて、相変らずキリスト教批判の課題を追及しているので、短絡して題をつければアフリカとキリスト教、ということになるが、むろん、二年近くアフリカに滞在、それも、その中のごく限られた土地に閉じこめられた形で滞在した程度で、このあきれるほどに広すぎる大陸、そして、歴史上類例を見ないような混乱のうずまきの中にいる大陸について、知ったようなことが言えるはずはない。にもかかわらず、しかも、数多くの間違いも自分で気づかずに書いているのだろう、という危険を知りつつも、アフリカにふれて書いたのは、アフリカそのものを論じたかったからではなく、そこから得た刺戟が歴史的類比の視座を肥やしていくままに、古代キリスト教の見取図や、現代キリスト教的ヒューマニズムの観念性を切開しようと思ったからである。その切開がさらにひるがえって、日本の現実のどの局面を目ざしたものかは、ここで言う必要もあるまい。

後二篇を前に置き、前二篇を後に置いたのは、現在に近いものを最初に置きたかっただけで、他意はない。そして、このように成立した四篇ではあっても、自分としては一貫して同じ課題を追いつづけているつもりなのである。その課題を短くまとめて表現すれば、この序文に書いたようなことになると思う。

自分で欲してこういう流浪の生活を求めたわけではなく、外から口がかかるままに、日本からドイツに、ドイツから赤道直下のアフリカに、と二年単位で流浪してきた。このあとおそらくはいくばくかの期間フランスに流れ行き、日本に帰りつくのは七八年の初頭になるだろうか。アフリカの太陽の厳しさを別にしても、こういう生活の中で、そしてその度に変る慣れぬ外国語をあやつりながら、教員としての義務を果しつつ、日本語の著作をなすのは、おのずと限界がある。それが文章の上にどのように現れるかは、自分では気づきえないことだが、前二篇と後二篇の間の落差として、何らかの形で露出していることだろう。しかしまた、この流浪の生活はそれなりの長所も持っているはずなので、その故に、その欠陥については、とりあえず御寛恕いただければ幸いである。

そういう、流浪の生活の限界にもかかわらず、この著作が上梓されうるのは、編集者の富岡勝氏が、直接本書の出版に関して多大の労をおとり下さっただけでなく、離日以来三年半の長期間にわたり、ほとんど毎月通信を重ね、多くの出版物を行く先々に送付して下さって、常に、問題意識の上でもつながりを欠かさないようにして下さったからである。この長期間にわたりそれをなし続けてもらえることが、どれほど有難いことか、外国生活を経験した人ならばすぐおわかりいただけよう。富岡氏と同様な努力をして下さった他の数人の友人諸氏も含めつつ、この場をおかりして、心からの感謝を申上げたい。

一九七六年三月十二日

キンシャサにて

田川建三

目次

歴史的類比の思想

原始キリスト教とアフリカ
——帝国主義の宗教思想——

一

半年遅れで日本からとどく『読書新聞』——その解雇撤回闘争の話も遠耳に伝わってきたが、遠くからではよくわからず、どうなっているかと心配するのみ——の一九七四年末の「今年の収穫アンケート」で、長崎浩氏が荒井献氏の『イエスとその時代』にふれて、次のように書いているのが目をひいた。

「権力にとってイエスが煮ても焼いても食えない男——田川氏のいう『逆説的反抗者』——だったことはよくわかる。だがするとますます、彼が宗教者であったこと、原始キリスト教（団）の源泉となったこと、がわからなくなる。あるいは、原始キリスト教団の宗教史的・社会史的『偉大さ』が、結果として目立つことになるのではないか。」

どうも、おっしゃる通りである。このうち前半の、ことイエスについて、彼がどの程度まで「宗教者」であったのか、もしくはなかったのか、そしてそのことが結局彼にとってどういう挫折を意味し、結果として裏返しの「栄光」を生んでしまったのかは、中断してしまった自分の『イエス』を近いうちに完成する折に何ほどかふれていきたいと思うので、ここでは、氏の最後の一文に何ほどか答える努力をしようと思う。これについては自分なりにすでに一定の答は用意していたつもりだが、それを広く人の目にふれるところに発表してこなかった以上、氏からこのように怠慢をせめられても、いたしかたない。これは非常に大きな主題なので、将来パウロ的キリスト教とその伝播を詳しく論じる際に、ていねいにあとづけていくことにして、ここではややとび離れた方向から、結論を素描するにとどめる。

問題は、長崎氏の言う原始キリスト教(団)の括弧つき偉大さがどういうものであったのか、ということである。言いかえれば、何故原始キリスト教があれ程の速度と伝播力を持って、当時の地中海世界全体を風靡したのか、という問いである。これはむろんイエスのせいではない。原始キリスト教のせいである。イエスのあの絶望的な生き方が世界史的規模ではやるはずはない。それはむしろ、そのイエスを救済者としてうまうまとかつぎあげた原始キリスト教がやってのけた仕事である。ただし、イエスをメシアとしてかつぎあげる、というだけのことで、これほどの世界史的からくりに成功するわけはない。原始キリスト教が狭義の原始キリスト教に、つまり最初期のパレスチナのキリスト教の水準にとどまっていたとすれば、万が一今日まで生き残ったとしても、それはちょうど今日のアルメニアのキリスト教がそうであるように、世界史の片隅に忘れ去られて、奇妙な古代の遺物といった感じで辛うじて生き残っているにすぎなかっただろう。イエスをメシアとしてかつぎあげた、というのはせいぜいその程度のことしか意味しない。問題は、そのイエスをメシアとしてかつぎあげた信仰が、どういうからくりにはまりこんだ時に、一挙に世界史的な「偉大さ」になったのか、ということである。答はある意味では簡単である。ローマ帝国がつくりだした古代的な帝国主義の状況がそれを可能にしたのである。それ以外に答はない。キリスト教は（その点イエスとキリスト教の間は明瞭に区別せねばならないが）、その本性からして帝国主義の宗教である。ローマ帝国による弾圧を一定期間蒙ったため、コンスタンチヌス以前のキリスト教は帝国主義に反対する宗教であったが、コンスタンチヌスによって帝国に奉仕する宗教に変えられた、と言って説明する安上りの俗説が「学者」の間にもしみ通っているけれども、手品ではあるまいし、皇帝が一人改宗したぐらいで、帝国主義に反対するはずの宗教が帝国に奉仕する宗教に変容する、などというわけにはいかない。もともとキリスト教がそれにふさわしい本性を持っていたにすぎぬ。むしろ、ローマ帝国がそれと気づいて利用するのが遅すぎたのが不思議だ、と言った方がよい。帝国の崩壊期になってはじめて、帝国の支配者がキリスト教に乗りかえた、というのは、ローマ帝国の歴史的個性の問題として面白い問題であるけれども、そこまで行くと話が拡散しすぎるから、もとにもどるとして、ローマ帝国が自覚的に利用しようとすまいと、キリスト教がその本性から帝国主義の宗教であったことに変りはない。だから、「ローマ」帝国は滅びても、キリスト教自体はその本性に忠実に生き残りえたのである。

この本性は、パウロ書簡その他新約書の大部分をしめる文書をお読みになれば、少くともキリスト教の宣伝にたぶらかされていない人ならば、一目でわかる明白な事実だから、ここではこれ以上論じない。またそのことは、これまでマタイをパウロと比較しつつ論じる過程を通じて、かなり明らかにしてきたつもりである。ここで問題にしたいのはもう少し別のことである。一つの宗教が帝国主義のイデオロギーたりうる資質を持っていたとしても、それが実際にそうなりうるためには、それを受けいれる民衆の側にそれだけの基盤がなければならない。どういう理由で一世紀ローマ帝国支配下の民衆はキリスト教を受けいれたのか。これは決して、キリスト教の神信仰にどういう特色があるとか、その救済の教義にどういう屁理屈が並んでいるとか、そういうことを並べたててもわかることではない。そういうことは、キリスト教徒になったあとで、おのれがキリスト教徒であることのしるしに、坊主の並べたてる能書きを一所懸命覚えて、もしくは適当に片言隻句だけを真似して、口にしているだけのことである。彼らがキリスト教徒となる理由は、もう少し根本的なところに求められなければならない。

この点で客観主義史学は行きづまる。歴史の研究が客観的であって悪いわけはない。いわゆる客観主義史学が間違えるのは、知識の精密な正確さを期そうとするところから、資料に書いてあること以外には何も考えまいとするからである。その結果、自分では意識してそうきめつけるつもりはなくとも、彼らの描く歴史はおのずと、資料に書いてあることしか事実として存在していない、という奇妙な前提の上に成り立つことになる。むろんそんな馬鹿な話はないので、資料に書いてあることなどは歴史のごく一部、それもごく表層の一部にしかすぎない。歴史の最も重要なところ、つまり歴史的動きの広範な基盤をなす民衆のあり様など、普通は資料には書いてない。たまにほんの少し言及があったとしても、たいていは、その時代の権力に近い知識人のあまりあてにならない観察にすぎない。歴史の研究とは、つまり、そういう表層的な、かつゆがんだ性格の資料によりながら、資料に書いてない広範な基盤へとつき進むことであり、そのためには、歴史的な想像力を必要とする。想像力は決して主観的な恣意ではない。事実のひろがりをとらえるためには、想像力が欠如したのでは、かえって恣意的な偏狭さにおちいる。

このことは歴史研究一般にあてはまることだが、特に、原始キリスト教史の研究については、二重にこの点に留意しなければならぬ。第一に、古代史全体にあてはまることだが、資料の乏しさからして、ますます想像力の比重がます。第二に、ことは宗教的イデオロギーに関する。つまり、資料はおのれの宗教の護教しか物語らぬ。歴史的事実のごく表層をさらに屈折して観念化させた宗教の言葉しか語っていないのである。何故原始キリスト教があれほどの伝播力を持ったか、と問うても、護教の言葉は、それは神の意志だからだ、とか、せいぜいのところ、聖霊が使徒達を動かして世界宣教にむかわせたからだ、といった答しか与えてくれない。そういう言葉しか語らぬ資料の間隙につき入って、事態を明らかにしていくことが歴史研究の課題であろう。

この場合、想像力と言っても、単なるお伽話的な想像では意味をなさぬ。歴史的想像力とは、歴史的類比をとらえる力である。類似の歴史的状況をよくとらえることから、類比により資料の背景につき進むことである。この類比をどのようになしうるかに、その歴史家がおのれの生きている世界の歴史的社会的構造をどこまでとらえているかがおのずと反映する。

一見唐突なようだが、現在のアフリカ大陸でのキリスト教の急激な膨張の理由をさぐることから原始キリスト教へと接近してみよう。以上述べたような意味での「歴史的類比」の方法に賛成していただければ、ここで私がとる方法がむしろ自然なものであることも認めていただけよう。現在のアフリカ大陸は、帝国主義の宗教としてのキリスト教をとらえるのに絶好の場である。

実は、帝国主義の宗教とか帝国主義のイデオロギーとかいう表現をこれまでのところかなり曖昧な表現として用いてきたが、ここでやや定義をはっきりさせると、帝国主義支配者がみずから持つイデオロギーだけが帝国主義のイデオロギーなのではない。この場合、支配者というのも実はまだ曖昧な概念で、支配民族(一世紀で言えばローマ人)に属する者が必ずしも支配者なのではなく、その民族内部における支配被支配関係を考慮する必要があるのだが、外部にむかっては、支配する民族の成員は支配される諸民族に対して支配者としてたちあらわれる。本稿では「宗教」が主題だから、その点をやや単純に図式化するのはお許しいただいて先に進むと、ローマ人ならローマ人をして帝国主義的侵略に勇んで立ちむかわさせるイデオロギーを狭義の帝国主義のイデオロギーと一応呼んでおこう。ローマ精神なるものである。これが外部の世界に押しつけられる時には、たとえば皇帝礼拝といった形をとる。この種のイデオロギーの巧拙が、一つの民族をしてはりきって帝国主義的侵略にむかわせるのに一定の役割を果すのは周知の通りである。大東亜共栄圏だの八紘一宇だの、またそれに不即不離で重なった天皇制イデオロギーがそれであり、或いは日本「民族」の「平和」な経済成長とそれに不即不離で重なった天皇制イデオロギーがそれである。この場合、天皇制イデオロギーそのものは、国家を媒介としつつ、帝国主義の質の変化に応じて、土台の本質は同じでも理念的に異なったものに接合しうる、ということを見ておく必要がある。或いは、「自由と民主主義」がそうであり、それと不即不離に重なった「大統領」の尊厳と「星条旗の旗のもとに」がそれである。日本天皇制と北米の大統領や星条旗が、それぞれ歴史的個性を異にしつつも、本質的に同じ位相にある、ということに気がつかずに日本天皇制についてどうのこうの言っているとすれば、それは無知にしかすぎぬ。

さてしかし、これらのものは決して被支配民族のイデオロギーとはなりえない。支配民族の国家意識、せいぜいのところその民族主義のイデオロギー的表現にしかすぎないからである。従って、これらの狭義の帝国主義のイデオロギーをごり押しに押しつけようとする時には、必然的に抵抗の度合いも強まる。それは政治権力と軍事力によって押しつける以外にないし、その場合の支配構造は強い緊張をはらんだ不安定なものとなる。だからその支配が一つの安定したイデオロギー構造をかちとるためには、つまり、もっと巧妙に支配するためには、これらの狭義の帝国主義の理念がもう少し「普遍性」を手に入れる必要がある。そこに二つの道が分れる。間接的な道と直接的な道である。間接的な道がこれから論じようとするキリスト教の場合で、これは、政治的世界支配者が自分で意図してつくり出したものではなく、むしろ、時にはその意図に反して発生するものであるが、イデオロギー的にはまさに世界的な帝国主義支配の状況の上部構造として発生するものであり、世界的な支配者は結果においてそれを利用することになる。むろんそのようにして発生したイデオロギーを、長い世界史の後の方の時代では、特に近代欧米帝国主義においては、支配者がはじめから意図的にそれを利用し、宗教家も、帝国主義支配の雇われマダムどころか、自分自身がその積極的な担い手の代表として立ち現れることもある。しかし、イデオロギー表現上も担い手も、一応は両者は別々なのであり、位相を異にしつつ相互に利用しあう関係にある。つまりこの場合、支配者の立場をそのままイデオロギー化したわけではない、という点で狭義の帝国主義のイデオロギーではないが、より広範に、被支配者が帝国主義の状況下で容易にそこに身を投げかけていく、容易にそこに思想的に酔いこまされる、という点で、広義の帝国主義のイデオロギーなのである。そしてこの方が広範で根深く、イデオロギーとしての持続力もあるから、狭義の帝国主義のイデオロギーよりも毒性はよほど大きいのである。そういうものとしてのキリスト教を論じることが本稿の主題であるが、その前に、直接的な道の方も多少ふれておこう。

これは、狭義の帝国主義のイデオロギーからなるべく民族主義的色彩を消し去って、被支配民族も「共有」しうる何ほどか「普遍的」な価値につくり変えることである。所詮これはごまかしの作業であるが、相当な効果を持ち得る場合がある。現在直接もしくは間接のアメリカの支配にあえいでいる国々の人の非常に多くは、相変らず、アメリカ産の「自由と民主主義」の理念を信奉している。実のところそれは、支配する民族にしか「自由と民主主義」を保証しないし、その民族の内部においてすらすでに所詮まやかしの理念なのであるが、それにもかかわらず、多くの被支配民族がこれを理想と仰ぎ、おのれ自身のイデオロギーとしている。そうなるためには、「自由と民主主義」はまったくの「普遍性」として提示されねばならない。そして、所詮まやかしとはいえ、五分の真理を含んでもいるのである。西欧のかつての直接的で露骨な植民地主義は、ひたすら収奪するのみで、多くのアジア人アフリカ人に対して、この五分の理すらも示しえなかった。今では、多くのアジア人アフリカ人が、おのれらの多かれ少なかれ前近代的な伝統の束縛よりも、また「普遍性」に到達しきれない急ごしらえの民族主義よりも、アメリカ人のもたらす「自由と民主主義」にあこがれをいだく。自分達もそうなりたいし、せめてそのおこぼれにあずかりたい。実際、多くの場合、旧植民地支配者に代って「独立」後は民族主義独裁政権に支配されているわけだが、収奪の状況は変らない。それよりも、アメリカ資本の機能と能率とある種の正義によって支配される方が生活がよくなる、と思えるものである。実は本当のからくりは、アメリカを中心とする国際的な資本の力がそれら民族主義独裁政権を裏から支えている巧妙な力なのだが、庶民の眼にはその裏は見えない。悪いのは直接支配する者であり、その背景に隠れているアメリカ資本は恩恵なのである、と思う。そして、恩恵を与えてくれる「自由と民主主義」はいいものだ、と思うのである。

この五分の真理を越えるものを提出しえない限り、いかに新植民地主義に対するに民族主義を対置してみても、それは、各国の政治権力者に限定されたイデオロギーになってしまう。各国の政治権力者は国際的な資本の力に対抗するために民族主義のイデオロギーをふりまくけれども、権力者の水準にいない民衆にとっては、「お上」がおのれの権威づけに騒いでいる、としかうつらぬ。

アメリカの帝国主義がかつての西欧や日本の帝国主義と比べて、格段に「優秀」な理由はそこにある。

二

その状況の中でキリスト教はどういうことになっているのか。不思議といえば不思議だし、当り前といえば当り前な現象がある。一九六〇年を境としたアフリカ諸国の独立までは、西欧帝国主義者がじきじきの肝入りで後押しし、実に多大な努力が傾けられたにもかかわらず、アフリカの「キリスト教化」は成功しなかった。国により地方により差があるが、せいぜいのところ人口の一五%ぐらいしか獲得できなかったのである。キリスト教権力が政治的にも社会的にも直接支配しているのだから、キリスト教徒に改宗することが権力のしっぽにぶらさがってうまみを吸うのに必須条件であったにもかかわらず。また、他方ではかなり強制的な改宗が押しつけられたにもかかわらず。しかも近代キリスト教宣伝(彼ら自身の用語で言えば「伝道」「宣教」)の十九世紀全体と二十世紀前半の長い多大な努力にもかかわらず、そうだったのである。ところが、六十年以降アフリカ諸国が独立するや、ほんの十数年の間に、雨後の筍のようにキリスト教徒がふえた。各教派が宣伝的に発表する数字などあてにならないが、それをそのまま合計すれば、私の住んでいるザイールで人口の八〇%はキリスト教徒だということになる。実際のところをみつもっても、五〇%はこえるだろう。十九世紀からだけ数えるにしても、一世紀半かかって一五%なのに、その後のほんの十数年で五〇%に達した、というのはどういうことか。もう一つの他の国の例をひくと、ケニヤのカトリック(ケニヤは英語圏だからプロテスタノトも強いが、たまたまカトリック側の数字しか見つからなかったので）は、一九五九年つまり独立直前で七六万、六五年で一一七万、七二年では二一〇万、すなわちカトリックだけで人口の一七％をしめるにいたっている。独立後十余年で三倍に達している。

この現象をどう説明するか。これら独立アフリカ諸国はみな民族主義政権が支配している。そしてキリスト教白人の力はまだまだ根深いとはいえ、昔日の勢いはない。それが何故爆発的にのびたか。理由は簡単であると思われる。これは決して、世界のキリスト教「指導層」が手前みそを並べて言うように、彼らが、第二ヴァチカン会議以降のカトリックにせよ、世界教会協議会のプロテスタントにせよ、世界の「進歩的」勢力になったからだ、などというのは理由にならない。彼らの「進歩性」の実態など所詮知れたものだが――今の世の中では何ほどか「進歩性」を身につけた方が大きな勢力になれるし、その方が「共産主義」を妨げるのに効果がある、と思ったにすぎぬ――それはここでは問うまい。これらキリスト教「指導層」はその限界内である種の進歩性の装いは身につけ、べたべたと「第三世界」寄りになってきているが、因果関係は逆である。彼らは時流を見るのは早い。白人キリスト教国でのキリスト教の衰退と、それに反比例した「第三世界」での爆発的な伸びの傾向をいち早く見てとって、「第三世界」よりの「進歩性」を羽織ったにすぎぬ。その点で彼らは実に敏感ではある。けれども、時流にのった媚態をその時流そのものの原因とみなすわけにはいかぬ。

一九六〇年までのアフリカでは、キリスト教は狭義の帝国主義のイデオロギーであった。ザイールをかつて支配したベルギー、モザンビクその他におけるポルトガルなどのように強度にキリスト教が国教もしくは国家保護宗教である場合から、フランスのように体制上はまったく政教分離がなされている場合まで、アフリカ植民地においてはキリスト教は文字通り直接に侵略の手先であった。これはもうくだくだしく説明する必要もあるまい。よく言われることだが、キリスト教宣伝者の白人が大勢やって来て、「福音」を説いた、そして気がついたら我々は手に聖書を持っているかわりに、土地はみな奪われていた、等々。この種の言い方は、アフリカ近代史を何ほどかでもかじれば、何百回となく聞かされる。そして面白いことに、キリスト教に反対する者ばかりでなく、アフリカ人キリスト教徒自身が好んでこういうことを言うのである。そこにキリスト教の不思議なからくりがある。そのことにはすぐあとでもどってくるとして、ともかくかつてはキリスト教は直接的な帝国主義のイデオロギーであった。だからその当時は、アフリカ人がキリスト教に改宗するとすれば、それは白人化すること、色の黒い「白人」にしてもらうこと、従って、多かれ少なかれ自分達の収奪者に対して身売りすることであった。個々人の段階でどこまでそうと意識したかは別として、それは裏切り行為であった。個々人の水準では、そうと知りつつもそれを逆手にとって利用するつもりでキリスト教徒になった少数の例もあっただろうし(この者達はほとんど、独立後はキリスト教の仮面をはずして、民族主義者になっている)、あるいはまた、そこからうまい汁を吸えさえすれば裏切者と言われようともかまわない、という者もかなりいただろうし、また相当数は、純真に言われた通り信じただけであろう。しかしいずれにせよ、この状況下では、キリスト教がアフリカ人民衆の宗教になることはありえなかった。

さて独立した。そこで、俺達は俺達の土地をとり返す、その代り、あんた達がくれた聖書はつっ返してやるよ、ということになるかと思うと、そうではなかった。そうなるだろうとキリスト教宣伝者達も悲観的な予想をたてる者が多かったが、事実は逆だった。

ここにアフリカの特性を考える必要がある。民族意識の問題である。そしてその点でアジアの過半の国々とアフリカとの大きな相違があり、かつその点こそ原始キリスト教との歴史的類比にとって重要な点である。ただその前に言及だけしておけば、この問題を考える時に、現在のアフリカ諸国における民族主義政権の権力構造をとらえるところから事態を見ていく方が、現在の問題としては基本的なのであって、白人帝国主義対黒人被支配民族という図式からだけ見ていると、現在の問題の根に達しえない。しかし、ここまで立ち入ると本題から離れすぎるから、右の比喩を借りて一言だけふれるにとどめる。独立後「土地」をとりもどせたのは、アフリカ人内部で権力を掌握した者達であって、圧倒的多数の民衆は、とりもどすどころか、ますます何も持てないようになっていった。土地をとりもどしたから「聖書」は返してやるよ、と言えたのは、白人支配者になりかわって収奪者の位置についた黒人支配者だけであった。民衆一般はどうせ何も持てず、ますます持てなくなるのだから、せめて持っている「聖書」にかじりつくのは当然といえる。

ここでキリスト教にわっとたかってきた民衆は大まかに分けて二通りある。一つは伝統的キリスト教(カトリック、及びプロテスタントの伝統的諸宗派)にたかって来た層であり、他はキリスト教的新興宗教にたかって来た層である。「たかる」という表現はむしろ前者の方にぴったりし、後者については「こる」と言った方がよいかもしれぬ。

前者の場合、どうせ何も持てないから、せめて「聖書」にのみかじりつく、と言ったのでは言いすぎである。何も持てないどころか、むしろ相当程度のうまみをあてこんでいると言ってよい。つまり、アフリカ諸国が独立したとはいえ、相変らず事実上の力をにぎっているのは欧米の白人勢力である。そして彼らの手によって旧植民地の金は循環する。旧植民地で大量にかせいだ金は本国に蓄積される。その相当部分は資本の再投資という形で循環してくるが、それだけでは、彼ら白人はかせいでいるだけだ、という怨嗟の声を避けることはできない。そこでそのごく一部が慈善的な施物としてアフリカに還元される。けれどもこれを同じ白人の政治勢力もしくは経済勢力がやったのでは、みえすいている。右手で奪ったものの一部を左手で返してやって、恵んでやったんだから感謝しろよ、と言っても通じはしない。慈善事業には同じ白人仲間でも別の「人格」を必要とするのである。キリスト教がそこに恰好の位置をしめる。欧米資本が本国で裏からキリスト教に大量に金を注ぎこむ理由はそこにある。日本資本はその点「下手」である。よく言えば正直すぎて、慈善の仮面を一方でかむることなど、あまりに見えすいた嘘だから、てれくさくてできない、ということかもしれぬ。だが、受けとる方は、どう金が循環しているかの裏側半分までは見ることができない。自分達にどんどん金をくれるキリスト教は最大の善なのである。

現に、アフリカでは、学校と病院の大部分はキリスト教宣教師の手によって建てられ、経営されてきた。この数年、国有化の度合いの差によってアフリカ各国間に相違は出て来ているものの、全体として言えば、教育と保健という「福祉」の二大柱は、独立後も白人キリスト教がにぎっていた。にぎっていたというよりも、残念ながら白人でなければできなかった、と言ってよい。むろん、アフリカ人自身の中から、医療と教育のにない手は急速に増えてきたし、増えつつあるが、特に独立の初期においては、そして今でも相当程度、白人のキリスト教機関に頼らざるをえなかった。

からくりはともあれ、急速というよりも、常軌をいっした速さで「近代化」へのかけ足をしているアフリカ諸国で、「教育」が個々人にもたらす御利益は圧倒的なものがある。より多くの「教育」を受けることが、支配階級へはい上る唯一の近道である。これは日本近代化において「教育」の果した役割よりも、より一層顕著かつ単純にそうなのである。そして、その「教育」がキリスト教施設によって担われているとすれば、キリスト教徒になった方が得にきまっているではないか。まして、そのキリスト教施設の初中等学校を出るまではキリスト教徒でなくとも何とかなろうが、さらに上の学校、そして欧米への留学となればますます、キリスト教宣伝家であるその学校の教師や、その学校を背景で押さえている者達に、直接間接気に入られるのでなければ、まずは不可能である。つまり、キリスト教にぶらさがっておくことが必須条件である。残念ながらアフリカの学校ではまだまだ「先進国」の水準に追いつかない。そして、事実として、欧米留学帰りとなれば、最上流階級たるべき絶対の保証書を手に入れたようなものだ。今や自分達自身が「白い」慈善の金を自分達の国に流しこむ窓口になれる。むろん窓口が一番豊かになる。

病院にしても同じことだ。こちらはもっと現実的に切実である。自分もしくは自分の家族の病気がなおしてもらえるなら、その代償にキリスト教徒になるなどいともお易い御用である。そして今や、かつての植民地時代と違って、後めたい裏切りの気持ぬきに、大手をふってキリスト教徒になれる。植民地収奪者の宗教にしっぽをふるのは悪いかもしれぬ。しかし白人は今や「対等の友人」なのだ。「対等の友人」と共通の「普遍的」宗教に参加するのが何故悪い。神は白人だけの神ではなく、黒人の神でもある。キリストの像を黒く塗ればいいのだ。キリストは「救い」つまり「解放」の元祖ではないか。キリストは「黒い解放」の力だ、と言っとけばいい。金は今までかせいだ白人どもがどしどしくれるさ。

従って、伝統的キリスト教につらなるのは、多かれ少なかれ上層階級である。もしくは上層階級にはい上ることを夢見ている者達である。小学校四年ぐらいしか終えていない、という層も相当数この中に含まれる。それに対して、後者の層、つまりキリスト教的新興宗教にこる人達は、キリスト教につきあうことで得をするわけではない。むしろ、やっと生活している程度の僅かな収入の中から、キリスト教に「献金」してしまう。そして「信仰」的にも彼らの方が熱心であり、純真である。モルモン教、「エホバの証人」(ものみの塔)などの主としてアメリカ産のキリスト教新興宗教の信者がこれにあたる。その信仰内容の俗信的あほらしさは、どうしてこんなものにむきになってこることができるのかねえ、と思えるほどあほらしいのだが、よく考えてみると、その迷信的なあほらしさは伝統的キリスト教でも同じなので(その迷信的あほらしさの本質においては、カール・バルトも「エホバの証人」も大差ないのである)、ただ伝統的キリスト教の方は、そのあほらしさを糊塗する護教論の屁理屈を二千年かけて練り上げてきたのに対し、これらキリスト教的新興宗教の方は、そのあほらしさを正直にそのまま信じているだけである。そして、そこに強烈に息吹いているある種の来世信仰が、いかにイデオロギー的阿片であろうとも、貧困な庶民にとって、大きな救いであり、かつ、真理であることには変りはない。アメリカでのこれら新興宗教の役割は——特にその反共イデオロギーの担い手としての役割を中心に——別の角度から分析する必要があると思うけれども、アフリカでは、だいたいこのように評価してさしつかえないように思われる。そして、これとほぼ同じ役割を果しているのが、アフリカ産のキリスト教的新興宗教である。特にザイールでは、これが大きな役割を果している。キンバンギスムという一派である。その紹介は別の折にするとして、ともかく、アフリカ人だけのキリスト教であり、キンバングという教祖がほとんどキリストの再来に近いくらいにあがめられている。これは、宣伝的数字を信用すれば、五百万人、つまりザイールの人口の二割以上にあたる信者を獲得している。

「エホバの証人」について。たとえば私の知人にアンゴラの難民が一人いる。全部で四、五千円の資金で野菜を仕入れ、行商して歩いて、自分の家族と、なくなった兄さんの家族を養っている。兄さんは結核でなくなった。御本人も感染し、かなりやつれてきた。ついに、一ヶ月ほど入院する、と言って別れを告げに来た時に、手にこの宗派の「聖書」を持っていた。おれには何がなくても信仰がある、と言う。

キンバンギストの村。信者が集って一種の開拓村みたいなものをつくる。信者であればここに流れこんでも、一種の共同生活の中で生きていける。生活水準はかなり低い。しかし村ではみな同じだし、協力して生きていけるから、人々は明るい。

伝統的キリスト教の信者には金持も多い。日本のちょっとした金持など相手にならないほどの金持も相当いる。「中産階級」も多い。しかしこの連中は教会からさらに金をもらうことを考えても、「献金」することは考えぬ。それに対して、これら新興宗派の集りでは、宗派の活動のために、とカンパをつのるざるをまわすと、すぐいっぱいになる。もっとも、伝統的キリスト教でも、末端の貧しい信者になると、ほぼ似たような信仰形態を持ち、とぼしい中から一所懸命「献金」している。

以上が、アフリカで急速に伸びているキリスト教の二つの流れである。私見では、実はこの伸びは今や頭打ちになっているので、これからは横ばいか、むしろ減少するだろうと思われる。そして、急速な伸びから横ばいへと転化するその宗教現象の基底にある社会現象をとらえることが、現在のアフリカを理解する一つの根本的な鍵だと思うのだが、本稿の主題をはずれるし、難しい問題なので、おいそれと見当をつけるわけにもいかぬ。

さてしかし、以上は、キリスト教が独立後のアフリカで急速に伸びた理由なのだが、それだけではアフリカにおけるキリスト教のイデオロギー的強さは説明できない。前者の型にしても、うまい汁が吸える、というだけでは、やはりこの急速な伸びは説明できぬ。全体から見れば少数でも、前者の型の中にも、それなりに真剣で誠実な信者もかなりいる。独立後の急速な伸びは、アフリカ伝統のイデオロギーでは果しえなかったある種のイデオロギー的強みをキリスト教が示しえた、という点をぬきにしては、説明できない。後者についても、そのある種の来世信仰の魅力、俗信的な宗教にこる、ということの「魅力」という点では、いわゆる土着の信仰も同じ魅力はあるはずである。神話などは、ちゃちなキリスト教神話よりもよほど愉快で、人間性の機微にふれるようなものをアフリカ人は伝統的に持っているし、第一、生活への根づき方が違う。それにもかかわらず、どうしてそれらの民間信仰を再生させる形でのアフリカ的伝統の新しい復興が大きく力を持つようにならずに、キリスト教的新興宗教が伸びたのか。右にふれたキンバンギスムは、天理教とかなり似た雰囲気を持っている。一時期の爆発的成長の仕方、教祖のあり様など。ただ大きな違いは、天理教は日本の伝統の中にあるものを新しく再生させていっているのに、キンバンギスムは出発点をキリスト教に持っている、という点である。いかにアフリカ人だけでつくりあげた宗派、はじめは白人のアフリカ植民地支配に反抗する黒人宗教イデオロギーとして生れた宗派であるとはいえ、基点はキリスト教においているのである。そして今や既成宗教として大きな勢力になり、それなりに体制化してくると、ますますキリスト教の一派として世界的に認知されることを求めるようになる。

従って、二つのうちのどの型をとっても、何故独立アフリカにおいてキリスト教なのか、という問いにイデオロギー的特質を考慮しつつ答える必要がある。そしてその点に原始キリスト教との類比の鍵がある。

三

答はある意味では簡単であると思われる。帝国主義の時代にあって、ほかに頼るべきイデオロギーがうまく見出せないからである。人間は何らかの弱さの中にいる時に、おのれを帰属せしめる一つのイデオロギー統一体を求めるものである。所属意識と呼んでおこう。安手の心理学者や社会学者が「自己同一性」などとアメリカ語直訳で呼んでいる現象はこれに属する。この現象を「自己同一性」という表現でとらえるということ自体、すでに一つのイデオロギー水準からものを見ているので、ましてや、すべての人間が「自己同一性」を持たねばならないのであり、それを「喪失」した者には、何かをうまくあてがってやらねばならない、などと考えるのは、そう考えること自体すでに、一つのイデオロギー表層からの発想でしかないものを人間の本性とみなす誤りを犯してしまっている。つまり、いわゆる「自己同一性」は決して自己の同一性ではないのであって、おのれの外側にあるイデオロギー統一体におのれの本性があるかの如く信じこみ、おのれの意識をそちらに身売りしてしまっている状態なのである。「自己同一性」どころか、自己の意識の身売りにしかすぎない。おれは「キリスト」にとらえられた、「キリスト」がおれの中で生きている、「キリスト」こそおれの生命の根底だ、などと思いなして、おのれのすべての意識を「キリスト」に還元して操作していく、などというのがその典型的な例である。もっとも、古典的な宗教信仰はその点でよほど正直である。おのれが「キリスト」

なるおのれとは別の人格にとらわれてしまった、と告白しているのだから。それに対して近代疑似科学になると、「自己」同一性などという概念をもってきて、それがあたかも自己自身の本体であるかの如く思いませる。もっともこれは、既存の社会体制において支配的なイデオロギーに民衆を組みこんでいく仕方が、近代の「学者」においては、古典的宗教信仰よりも表現技術において巧みになった、ということにすぎないけれども。問題は、「自己同一性」を喪失した者に、何らかのイデオロギー統一体への帰属の機会を与えてやる、などということではない。むしろ、何らかのイデオロギー統一体に所属していないと不安でやりきれない、という意識を持たされてしまった者の、ある種の弱さの状況をこそ問題にすべきである。その状況をこそ変革すべきなのである。その弱さは様々の水準にわたってあるので、社会的経済的力関係における弱さを基底にしつつも、文化的な、言語的な、時としては肉体的な、あるいは心理的な、あるいは位相を変えて政治的な水準のことでもありうる。

さて、現在のアフリカにおいて、きわめて少数の例外者を除き、ほとんどすべての人間は何らかの意味で「弱さ」の状況におかれている。それぞれ位相を異にはしているけれども。一般的には、抗い難い帝国主義の波が、生活を足もとから崩していっている、という状況である。今やどんな「奥地」でも、この波をまぬがれているところはない。アフリカの「奥地」というと、近代資本主義の波をかぶっていない「原始」の生活が「残って」いるところ、などと想像するむきがあるが、とんでもない見当違いである。狩猟民でさえ、伝統的な生活形態を一応はとりながらも、そして、直接資本主義的生産に従事するわけではなくとも、生活範囲の外枠は国際的国内的な資本主義の力によって設定されているのである。ある程度以上生活範囲の枠をひろげようと思うと、必ずその外枠にぶつかって痛い目にあい、身をちぢめて、枠の中にひっこまねばならない。そして、その枠の力はことあるごとに内側にも浸透してくる。飢饉の際の食糧援助、生存地域が国家権力によって定められること、自分達の「部族」の中から町の社会に出て行った者が時々持ち帰る交流等々。これら直接浸透してくる要素だけでも大きいのに、まして、外枠をがっちり押さえこんでいる力となれば、彼らには抗い難い巨大な力であり、その背後にひろがっている力の様相などとてもとらえがたく、従って、これをはっきりと帝国主義の力と意識してとらえることはできなくても、何者ともしれぬ巨大な世界的力の前に自分達がむき身でさらされている、ということはいやも応もなく意識せざるをえない状況なのである。箱庭の中に保存された「原始」は原始ではない。箱庭の外枠を設定した力との関係においてしか、内側の「原始」は存在していないのである。

これはごく少数の残された狩猟民の話であって、ましてや農村ともなれば、赤裸々に世界的な帝国主義の力にさらされてしまっている。この点はくだくだ書くまでもなくおわかりいただけよう。コーヒー、バナナ、パイナップル、茶、麻、棉等々、並べていけば、ある意味では日本の農村よりもよほどもろに世界的な帝国主義に身をさらしている、といえる。そして今や人口の半数はしめると思われる諸都市住民の生活となると、これは言うもさらなりであろう。農村、都市を通じて、もの一つ言うにも、フランス語か英語に対面しなければならない。塩を買ったら南アフリカ製、ちょっと勉強しようと思って紙を一枚手に入れたらアルゼンチン製、都市の水道管の重要な部分がこわれたそうだよ、ドイツから器材を輸入して直すんだそうな。石鹸はアメリカ製かフランス製。生活必需品の魚の罐詰は、南アフリカの独占市場だったのが、近頃日本製がふえた。交通機関を動かす重油やガソリン、むろん御存じのことで。おれの会社の資本金は、なんぞと問うだけ野暮ってもんだろう。

教育と医療についてはすでにのべた。この社会構造の中でほんのちょっとでも教育を身につけた者が、ややつっこんでものを考えようとすれば、フランス語か英語の発想を基本におかざるをえないように頭の中がつくられてしまっている。

こういう社会的かつ文化的状況の中で、自分にはどうにもならない世界的な力にひしひしと足もとを洗われ、自分の身のうちまでも浸透されている、と感じつつ生きているのが一般のアフリカ人の状況である。アフリカ人だけではない、全世界そうには違いない。だが、アフリカ人の場合それはけた違いに強度である。そしてアジア人の場合ならば、たいていの者にとっては、どちらかというとこれは外側からの力として受けとられるのだが、アフリカでは、自分の細胞の中までその力がはいりこんでしまっている、というほどの感じなのである。

その場合、すでに近代の世界的な帝国主義の力に直面する前にかなりな程度の民族国家が形成されていたアジアの相当数の諸国では、この状況で「弱さ」を感じとった民衆の多くは里がえりして民族主義もしくはその宗教的屈折のイデオロギーへと身を投げかけていく。政治権力者もそのイデオロギー状況を利用する。日本天皇制がその典型である。日本天皇制の根源を日本人の国家意識にしか見ないのでは、事柄の上半分しか見ていない。その国家意識はそれをとりかこむ世界的な帝国主義の状況に対するイデオロギー的構えとして生れてくるのである。

ところがアフリカの場合、それに直面すべき民族国家自体がまだ十分形成されていなかった。形成される過程にはあったのだが、すでに、近代植民地侵略のごく初期のうちに、その芽は全部つみとられた。そこで、大多数のアフリカ人の場合、おのれの所属意識として「民族」が出て来ることは稀である。よく言われることだが、彼らの所属意識としてまず最初に出てくるのは、狭義の部族、ボレンゲならボレンゲであり、その次には、白人でも黄色でも、他の大陸の黒人でもない「アフリカ人」であり、最後にごく稀薄に、おのれの国家の「国民」である。国家とは、白人植民地主義者が、アフリカ人の自然的状態、部族的状態、萌芽的にあった民族的状態をまったく無視して、彼らどうしの力関係だけで勝手に決めて地図の上に線をひいた国境線を、アフリカ人権力者がそのまま継承したものにすぎない。——とはいっても、独立後十数年を経ると、その国境がものを言ってくるし、その政治的国境内部で否応もなく社会的経済的運命共同体をつくらされてしまうので、相当程度「国民」意識が形成されてきているのも事実である。この意識の消長が今後のアフリカ人のイデオロギー状況を見ていく上で、重要な要素となろう。だが今のところは、国家帰属意識では民衆のイデオロギー状況は支えきれない。かといって、気分的には最も強烈な部族意識も、民衆のイデオロギー状況を支えきるものではない。すでに述べて来たように、部族の生活単位だけで今生きられるものではない。細胞の中にまで世界的な帝国主義の力がはいりこんでいるとすれば、それに応じるイデオロギーが必要であり、また実際にそうなっているのである。

相当程度の知識人は、だから、「アフリカ」におのれの意識をもたせかける。彼らの間で今や強度なアフリカ主義が意識を支配しているのはそのせいである。けれども、部族という極めて具体的な現実に比して、「アフリカ」はひどく抽象的である。植民地時代の過去において共通の苦難を経験してきた、という以上には、アフリカ全体に共通するものは意外と少ないのである。植民地解放の時点では、ほぼアフリカ全土が同じ問題をかかえていたから、「アフリカ」が植民地解放の象徴として強固なイデオロギーたりえた。だが政治的独立後においては、過去の受苦の体験の意識だけではやっていけない。現在を何らかの形で形成していくイデオロギーとしては、ひどく抽象的なのである。「アフリカ」とは何か、とこれらアフリカ主義者達に言わせても、欧米白人文明とは違うのだ、という否定反発要素しか出て来ない。どう違うのかとなると、おれ達は欧米白人文明とは違うのだ、ともう一度抽象的に同じせりふを反復するだけなのである。そしてまた、強度な「アフリカ」主義をいだくほどの知識人ならば、そのアフリカ大陸を圧倒的に覆っている世界的帝国主義の力もよく知っている。そして、すでにくり返し述べてきたように、これら知識人は同時に支配階級であり、その世界的な帝国主義の状況によって、多かれ少なかれ恩恵をこうむってもいるのである。だから、彼らは強度なアフリカ主義と同時に、一種の世界主義――多くの場合はキリスト教――をおのれの中に並存させている。

ましてや庶民の場合、自分の身体の中をつきぬけていく世界的な力を前にして、その力の現実的本体が何であるかを正しく認識できなくても、感覚的な不安から、世界的な広がりと力を持つイデオロギー統一体に身を寄せかけるのは、むしろ当然とすらいえる。そして、そのイデオロギー統一体としては、現在のところほとんどキリスト教だけが唯一の強力な存在たりえているのである。

従ってこの場合、キリスト教徒になったとは言っても、そのイデオロギーの表出形態としては、キリスト教徒である、ということ、つまりキリスト教なる集団に所属するということが、ほとんど唯一の要件であって、キリスト教徒であるとはどういうことか、という内容はあまり問われない。これはたとえば日本的キリスト教との大きな相違である。日本の牧師の説教は、多くの場合、気味が悪いほどにべたべたと倫理主義的である。ところが、私の聞いた範囲では、アフリカ人の牧師の説教、アフリカ人のキリスト教徒の信仰意識の表白において、その種の倫理主義は稀薄である。その点さっぱりしていて気持がいい。その反面、「キリスト教」なるものへの帰属意識がやたらと強烈なのである。巨人軍のファンが、何だか理屈もたたないのだけれども、断乎巨人軍でなければならなかった、というのに非常によく似ているのである。スポーツの場合、スポーツだけの話であるが、ここのキリスト教は、自分の存在全体をそこに帰属させている、という意識を持っているという点で、大きな差があるけれども、表現形態としてひどく似ていることは否めない。むろん存在全体をキリスト教に帰属させるなどということは事実としてありえないので、ただ、信仰意識において、そう思っているというにすぎないのだが。

たとえば牧師の説教においては、キリスト教の神を信じよう、キリストを信じよう、キリストこそ唯一の真理、キリストの救いを信じよう、キリスト教の聖書のみが唯一の真理、といったせりふが際限もなくくり返される。非常に抽象的な反復なのである。ではその「神」とは何か、「キリスト」とは、「キリストの与える救い」とは、とたずねても、これこそ唯一絶対の真理、これにくみさない者は間違っています、と類語反復的に同じ抽象的なせりふがくり返されるだけである。よかれ悪しかれ日本的キリスト教の倫理主義が持っている具体性は、ここでは稀薄なのだ。そして、その「キリスト教」への帰属意識を反面から裏打ちする時には、キリスト教以外を全部並べて否定してしまう。イスラム教はいけません、仏教はいけません（仏教のぶの字だって知りはしないのだが）、まして無神論はいけません、共産主義はだめ、資本主義はだめ、帝国主義はだめ、物質主義はだめ、部族主義もいけません、アラブもだめならイスラエルもだめ、みんなみんなだめ、神様キリスト様のみ。カトリックなら神様キリスト様にマリア様がつけ加わって、プロテスタントなら「聖書」が加わり、キリスト教的新興宗教なら断乎「聖霊」がつけ加わる、という相違はあるにせよ。異教徒とたたかえ。異端者は追い出せ。

そして、「勢力」としてキリスト教の消長に最大の関心が集る。政治水準であろうと、社会のさまざまな局面であろうと、何だろうと、かんだろうと、「キリスト教」の勢力が伸びることが善であり、それが減ることが悪である。

これらはすべて、アフリカのキリスト教の平均的な水準が、まさに、世界的になるべく巨大なイデオロギー統一体への帰属意識からなりたっている、ということの表現なのである。この場合、その表現の一つ一つの理屈をつついてみたとて、何にもならない。その帰属意識を要請する全体的な社会状況が問題なのである。

だから、今や白人宣教師はなるべく表に出ず、影の支援者として存在するようになったけれども、いや多くの場合、その白人宣教師に対して果しもない憎悪をいだきつつも、アフリカ人キリスト教徒はその白人宣教師のもたらしたキリスト教に、イデオロギー的にはすっかり身をあずけてしまうのである。それは、自分達を支配する世界的帝国主義の担い手が白人であることを、意識的もしくは無意識的に感じとるが故に彼らを憎悪しつつも、たとえ米一粒食うにも、その世界的帝国主義の力と離れてはいられない、という生活の現実のイデオロギー的反映なのである。

四

ここでやっと原始キリスト教につながる。いや、原始キリスト教というその出自からして、この種の帝国主義の状況のイデオロギーを本性とした宗教であるからこそ、キリスト教は、現代の独立後のアフリカにおいても大きなイデオロギー的力となりえたのである。片や、帝国主義をになう政治的軍事的経済的勢力が、直接的意識的に後押しし、かつ利用した宗教であり、片や、一定時期までは、帝国主義をになう政治的軍事的勢力と一定の仕方で拮抗もしくは対立した宗教である、という相違にもかかわらず、いやそもそも、現代の帝国主義と、古代地中海世界におけるギリシア・ローマ帝国の支配とを同じ「帝国主義」の概念でくくるという点で、時代の構造上の相違を抽象した比較であるにもかかわらず、一九六〇年以降のアフリカのキリスト教と、一世紀地中海世界のキリスト教の、類似する本性に着目しないわけにはいかないのである。

まず第一に、一世紀キリスト教のにない手は、ギリシア語を話す諸民族であった、ということに着目する必要がある。しかも、きっすいのギリシア人と、きっすいのユダヤ人はそこにははいっていない、ということに着目する必要がある。ローマ帝国支配下の地中海世界の東半分は、ギリシア語の支配する世界であった。西半分においても、商業の共通語としては、かなりギリシア語が浸透していた。つまりギリシア語は今日のアフリカにおけるフランス語や英語の位置にある。そして、高校での「世界史」の教え方が悪いから——もっとも日本だけの話ではないけれども——「ヘレニズム世界」といえば、まずはたいていの現代人は、そこではみんながギリシア語を話していたのだ、と思いこんでいる。そうには違いない。あれほど頑固に外国の要素がはいりこむのを拒否していたパレスチナのユダヤ人のところにさえ、ギリシア語はいろいろな形で浸透していた。イエスとシロ・フェニキアのギリシア女(マタイはこれをカナン女に変えてしまった)が言葉をかわした、という話が伝わっている。かなり伝説化されている話だが、いったい何語でしゃべったのか、想像してみるのも面白い。パレスチナにも、一、二世紀当時のギリシア語碑文はかなり見出されている。——とはいえ、民衆の日常語、母語は、アラム語であった。

同じことは、パレスチナではなくとも、他のどこについても言える。長くヘレニズム王朝の支配下にあったシリアにしても、支配者の王朝が「ヘレニズム」であったので、民衆はシリア語を話していた。

小アジアは、ヘレニズム時代以前から、すでにギリシア化されていた。いや、もともとギリシア文化の発祥地の一つだった、と普通思われている。けれどもそれは、イオニアの海岸地方に限られていたのであって、南部の海岸地方やさらに内陸となると、多少のギリシア（さらには後にローマ）植民都市がつくられたにせよ、その町を構成する民衆の大部分はおのれの民族の言語を話していた。ヘレニズム時代、ヘレニズム世界とはギリシア語の世界だと思っている学者達は、一にぎりの支配層の動向だけが「歴史」だと思っているからにすぎぬ。

小アジアの中で、たとえば内陸のガラテヤ地方は、ガラテヤという地方名（ケルトと同じ語源）が示す如く、ヨーロッパのケルト人が民族移動して来て住みついた地方で、当然のことながら、ケルト系の言語を話している。そこにギリシア語しか知らないパウロがのりこんで行って、ギリシア文化とユダヤ宗教の拮抗しか頭にないので、キリスト教をその両者の観念的な否定的超克として提示するのにやっきになり、「もはやギリシア人もユダヤ人もない。我々はみなキリストにあって一つだ」とギリシア語で叫んだ。これを聞いたガラテヤ人は、そんなこと言ったって、あんたギリシア語でしゃべってんじゃないか。それに俺達はもともとギリシア人でもユダヤ人でもねえよ、と思っただろう。ガラテヤ人は比較的新しく小アジア内陸の高原地帯（今日のアンカラ近辺）に移住して来たのだが、たとえばずっと古くからそのやや南の方に住んでいたルカオニア人がルカオニア語を話していたことは、新約書自体に記されている（使徒行伝一四・一一）。

ついでながら言っておくと、日本語の「聖書」翻訳者の言語感覚がいかにひどいものかが、この句の訳文からもわかる。「彼らは彼らの言語すなわちルカオニア語で言った」という原文を、聖書協会訳は、「ルカオニアの地方語で」と訳している。「現地人」の言葉は「地方語」で、「言語」と呼ぶには価しない、と思っているのだろう。ほかの点では協会訳よりよほどすぐれている荒井献は（講談社版）、この点ではもっとお粗末で、「ルカオニア地方の方言で言った」と訳している。「方言」という概念が、単純に、「現地人」のわかりにくい言葉の意味に用いられている。むろんルカオニア語はギリシア語の方言なんぞではありはしない。古くから存在していた小アジア系の言語の一形態である。アメリカ人の宣教師がヴェトナムに出かけて行ってごたごた言ったら（幸いにしてもうそういうことはありえなくなった）、ヴェトナム人がヴェトナム語で、「あんたもういいから帰りなよ」と答えた、という話を、ヴェトナム人がヴェトナム「地方」の「方言」で述べた、などと訳すとしたら、その「学者」はよほどひどい野郎に違いないのだ。この訳文は従って、古代小アジアの言語状況についての常識の問題である以前に、現代人としてどういう言語意識を持っているか、という問題なのである。

それはともあれ、このほかにも小アジアの諸民族がそれぞれおのれの言語を話していた、ということは確認されている。それも、ギリシア語支配の圧倒的長期間の持続にもかかわらず、紀元後六世紀まで彼らはおのれの言語を話していたことが確認されている。そこにはおそろしい言語的確執が想像に絶する長い期間にわたってなされていたのである。

その中でキリスト教はほぼはじめからギリシア語の宗教であった。それがローマ帝国の西半分である程度の力をえてからはラテン語の宗教となり、近代になって、近代帝国主義諸言語の宗教となった。しかし古代においては、パレスチナのユダヤ人キリスト教などの少数の例外を別とすると、キリスト教は諸民族の民衆の母語の宗教であったことはない。そしてこれら少数の例外は、すべて、「異端」として、キリスト教の本流とは関係のない、文化的にはみ出した、もしくはとり残された現象としてしかみなされていない。

では初期キリスト教はギリシア語を母語とするごく限られた上層階級だけの宗教だったかというと、そうも言えない。ここに帝国主義支配下の言語問題の難しさがある。我々日本人の常識からして、日本人が日本語を話すということは、他の言語は話さない、ということだと思っている。他の言語は外国語であって、外国に出かけた時に話すものだと。そうには違いない。しかしそう思っていられる幸福な民族は、そう多くあるものではない。帝国主義支配下の民衆は、二重の、もしくは三重の、四重の言語生活を強いられるものである。おのれの母語のほかに、二重にも三重にもおそいかかってくる帝国主義勢力の言語を知らねばならぬ。アフリカ人は少なくともフランス語か英語、そしてちょっと大きな活動をしようと思ったら、その両方をこなさねばならぬ。そのどちらもできなければ、生活の上でおそろしく損するだけである。南アフリカとなると、これに、オランダ人が南アフリカに侵略して来て長い間にオランダ語がやや変形して方言化した「アフリカンス」なる奇妙な言語まで顔を出す。そして、帝国主義勢力の諸言語だけでなく、「国際的」にやたらとまざりあわさせられてしまう状況下では、近隣の諸言語も知らねばならぬ。私の家に来る「家事使用人」のザイール人は、日本流に言えば小学校中退だが、おのれの母語ともう一つのアフリカ語を流暢に話し、そしてフランス語もかなりよく話す。これでアフリカ人としては少ない方である。古代に話をもどせば、ガラテヤ人でルカオニア語を解した者は一定数いただろうし、ルカオニア人でガラテヤ語を解した者も同じく一定数いたであろうことは、容易に想像がつく。そしてその誰もがギリシア語を知らなければ、ある程度以上の社会的経済的文化的活動はおよそできなかった。ある程度といっても、ごく僅かな程度ですでにそうであった。つまり、日常的な生活様態として、言語の二重三重四重生活の方があたり前になってしまっているのである。大多数のアフリカ人にとって、日本ではぴんからきりまで日本語でやっているなどということは、具体的な可能性として想像することさえできない。

パウロもまた、ギリシア語しか話せなくとも、フルギア、ピシディア、ルカオニア、ガラテヤなどを平気で旅し、旅をするだけでなく、熱弁をふるってキリスト教の宣伝をやっている。そして、それそれの町で相当程度の群衆が話を聞きに集っている。ルカオニア人はルカオニア語だけで生きていたわけではない。すでに何度もくり返したように、政治行政軍事は言わずもがな、経済活動もほんのちょっとした規模以上になれば、いやでもギリシア語でなされざるをえなかったし、文化的活動も同様である。

この言語状況がイデオロギーに反映する。というよりも、たとえば言語状況にもあらわれている社会生活の現実がイデオロギーに反映する。ルカオニア人がルカオニア人であるという意識だけでは、地中海世界全体の規模にわたってあらゆる民族があらゆる種類の交流と接触をくり返しているるつぼの中で、やっていけるはずもない。こういう中ではより一層弱い者ほどより一層大きなイデオロギー統一体への帰属意識を求める。しかしどんなにギリシア語が巧みになり、ギリシア風の生活が自分の中に浸透して来ようとも、ギリシア人でない者は所詮ギリシア人ではない。ペルシア人に対してアテネの軍隊が勝利した話を、おれ達の遠い先祖の輝かしい過去として語りつぐことはできぬ。自分達にとってはペルシア人もギリシア人も外から来た支配者にすぎぬ。まして、ローマ精神となると、これはもっと遠いかなたの話である。アメリカ人だって、「フランス語圏」アフリカに来れば、あやしげだがともかくフランス語を話している。ローマ人でもローマ帝国東半分に来れば、多かれ少なかれギリシア語を話しただろう。それもあまりあやしくないギリシア語を。——今の世界で、多少の日本人のように、アメリカ帝国の「独立」記念日を自分達の祝日であるかのように思い、ワシントンの少年時代についてのつくり話を有難がって聞き、アメリカ大陸先住民族に対する侵略と殺害のおぞましい歴史を「開拓者精神」と称して珍重する絶望的な愚物も、どこの国にも少しずつはいないわけではない。しかし一般にはこういうものが広い層の人々のイデオロギー的帰属意識をしめるわけにはいかない。そのアメリカ人をも超えるはずの、そしてそのアメリカ人自身も一所懸命信奉しているもの、英語やフランス語によってになわれているが、大もとをたどれば西欧産でもましてアメリカ産でもないもの、その欧米帝国主義の化粧品にすぎないくせに、能書きだけは、自分達は帝国主義にも反対する平和で普遍的な宗教です、と言ってくれるものでないと有難味はない。

五

一世紀地中海世界において、キリスト教はかくして、帝国主義の状況における世界的なイデオロギーの担い手として、絶好の資格を身につけて登場したのである。ギリシア語の宗教でありながらギリシア産ではなく、ユダヤ産でありながら、断乎ユダヤ性を否定克服したことになっており、我らの国籍は天にある、とまさに無国籍的に普遍性を主張する宗教なのだから。

まず言語的に、キリスト教は、パレスチナ生れであるにもかかわらず、アラム語の宗教であることをやめて、ギリシア語に引越した。次いで実質的に、ユダヤ生れの母斑を次から次へと消していった。パウロとその周辺部分が中でもその運動の最右翼の活動家となっていったことはよく知られているから、ここでは喋々すまい。キリスト教内部のユダヤ主義は呪いをもって追い出された。

もしもキリスト教がギリシア生れの、ギリシア人によるギリシア語の宗教であったら、こうは成功しなかった。そのことはすでにくどいほど述べてきた。だがまた、キリスト教がユダヤ生れでありつつ、いかに言語的にギリシア語に転化しようとも、質的にその生れの母斑をつけたままでは、決して世界的な帝国主義のイデオロギーたりえなかった。断乎ユダヤ生れであって、キリストはローマ人でもギリシア人でもないことを主張しつつも、ユダヤ人性は徹底的に呪い、憎悪していく必要があったのである。ユダヤ民族宗教の聖典たる旧約書を聖典の一部としつつも、ユダヤ民族を呪われた民として忌み続けるという矛盾する構造こそキリスト教にとって必要だった。

ここでユダヤ人のしめていた位置を短く確認しておこう。いつのまにか、古代一世紀についても、ユダヤ人はかわいそうな流浪の民、迫害され、弾圧されつづけた悲劇の民という理念が広くひろまってしまっている。どうしてこういう歴史的実態のない理念が広くひろまったかを探るのも、現代のイデオロギーのあり様を知るために面白いことだが、これはおおかた御存じのことであろうから、歴史的事実の確認だけにしておこう。一世紀の地中海世界において、ユダヤ民族は、世界的支配民族であったギリシア人、現在の支配民族であるローマ人に次いで、第三の大きな勢力であった。特にローマ帝国の東半分、つまりギリシア語圏においてはそうであった。従って、ユダヤ人をいじめられた、不幸な流浪の民とする理念からでは、一世紀のイデオロギー状況一般の、特にキリスト教の背景となった歴史基盤はとらえられない。日本がアメリカと帝国主義の覇権を争って敗けたからとて、日本人の世界市場への進出力、世界的帝国主義の支配に参加していく力がなくなったわけではない。まして日本民族がなくなったわけではない。帝国主義の世界的な覇者にはならなかったとしても、争って敗れた当の相手、世界的な覇者となったアメリカの世界支配の構造の一端をになう位置にうまく組みこまれて生き続けている。生き続けているどころか、今や世界の五大勢力の一つとして、いわゆる第三世界の人々から、特にアジアの諸民族から十分に嫌われている。同時にまた、より強大な北米西欧帝国主義先進国の既得権を犯す者として、そいつらからも嫌われている。奴らは日本人が奴らにたちまじってゴルフをするのが気にいらない。そのくせ、仲間の一人として、日本人には自分達の享受する特権の相当部分はすそわけしてくれるのも忘れない。南アフリカで、日本人に「白人なみ」の地位を「与え」てくれたのは、白人どもであって、黒人ではない。

ユダヤが、ヘレニズム諸王朝の支配下に常にあり、次いでローマの支配下にはいり、二度立上ってローマと争い、敗れて徹底的に破壊されたとしても、それでユダヤ民族が当時の世界の弱小民族になったわけではない。アメリカが、日本を敵として叩きふせた翌日から、日本人を「優遇」しつつ、おのれの世界支配の「仲間」としてかかえこんでいったのと同様、ヘレニズム諸王朝もローマも、それぞれの仕方で、ユダヤ人を叩きつつも、常に優遇することは忘れていない。ローマとユダヤの戦争はローマとパレスチナのユダヤ人の戦争であって、ローマ帝国内の諸都市に広くちらばっていたギリシア語を話すユダヤ人は、その間もローマ帝国から与えられた優遇処置を失っていない。ギリシア人ローマ人を別とすると、世界の諸都市の中で、おのれ独自の社会組織を持ち、宗教組織を持ち、時には狭義の支配層にのみ許される市民権にも相当程度ありついていっているのは、ユダヤ人だけである。一般の諸民族はそうはいかなかった。それぞれの民族性を無視してまったく蹂躙されていっているのである。一世紀のユダヤ人が現代の日本人と似ている点がもう一つある。世界的な帝国主義状況の中で、経済的に大きな力として進出しつつも、政治的軍事的には直接には世界の帝国主義支配には参加していない。弱小な諸民族からすれば、ローマ人ギリシア人の勢力の尻馬にのって、ぺらぺらギリシア語をしゃべってもうけやがって、俺達よりも偉いような顔をしやがる、ということにもなろうし、ギリシア人からすれば、世界商業をより一層活発にするのにユダヤ人はいい仲間だから歓迎しつつも、人種の違う奴が自分達の既得権を犯してくるのが気にいらない。だから、ギリシア系諸都市で、ギリシア人はしばしばユダヤ人を押さえつけようとして対立する。そのたびにユダヤ人はローマの権力に泣きつく。

むろん相違も多々ある。特に、日本人は大部分が本国におり、海外にいる者もまさに海外駐在員として本国との関係においてのみ存在する。一世紀のユダヤ人は、本国よりも、世界にちらばっているユダヤ人の方が強力であり、かつもはや、ギリシア語を母語として生活していたのである。ちらばっている、と言っても、アレクサンドリア、シリアのアンティオキア等々、当時のギリシア語圏の世界有数の大都市のそれぞれにおいて、ギリシア人集団に次ぐ勢力の大きな民族集団はユダヤ人集団であったのだ。

これだけの大きな勢力となれば、イデオロギー的な支配力も出て来る。この時代の歴史をやや細かく学んだことのない人が想像するよりよほど大規模に、ユダヤ人でない諸民族のインテリが、ユダヤ教に改宗するか、そのシンパになっているのである。特にヘレニズム的ユダヤ教は、ユダヤ人の言語でなくギリシア語の宗教としておのれを拡張していったからなおさらのことである。ユダヤ教がこの種の「国際的」力を失ったのは、キリスト教との競争に負けたせいもあり、ユダヤ人がしめる社会的経済的な力が変化していったせいもあるけれども、ギリシア語の宗教であることをやめて、再度、ヘブライ語だけの宗教、それも今や生きた言語ではなく、経典言語となったヘブライ語の宗教におのれを閉じこめたせいでもある。もっとも、因果関係としては逆で、「国際的」勢力としての力を減じていった結果、再度ヘブライ語の宗教へと自己閉鎖したのかもしれない。

この状況において、世界のあちこちにちらばっていても、ユダヤ人はユダヤ人であるという帰属意識で十分にやっていけた。特にユダヤ人集団の力が強い都市であればあるほど十分にやっていけた。

また、ユダヤ人でなくてユダヤ教に改宗した者も、そのユダヤ人集団に所属することからさまざまな有利な生活条件をひき出しえたはずである。だが、一般の諸民族にとっては、所詮、ユダヤ民族宗教共同体への帰属意識は、おのれを支える意識とはなり難い。あのぬけぬけとした顔をしてかせぎまくっている奴らの民族宗教を、どうして俺達が信じることができるか。

かくして、その力にもかかわらず、ギリシア語のユダヤ教は、ギリシア精神やローマ精神と同様、世界的帝国主義支配下の広範な諸民族のイデオロギーを支えるものとはなりえなかった。同時にまた、それとなりえたキリスト教の初期の担い手が、きっすいのユダヤ人でも、きっすいのギリシア人、ローマ人でもなかった理由がそこにある。

パウロのような例外もある。少くともおのれ自身の意識からすれば、パウロはきっすいのユダヤ人であった。だが本当のところどうなのか。キリキアのタルソス（新約書の諸訳の伝統ではタルソ）出身ということですでに、そのきっすいさは薄れる。アレクサンドリアのように、ユダヤ人がユダヤ人集団として巨大な勢力をなしていた、という痕跡はタルソにはない。パウロ自身がそうであるように、市の最上層階級（市民権を持つ者）にまではいあがったユダヤ人は相当数いただろうけれども、それは、ユダヤ人民族共同体の閉鎖性を捨てて、ほとんどギリシア人社会の中に身を没してのことであろう。パウロがあれほどの世界旅行をくり返しえたことからしても、経済的にも大金持の息子であったと知れるけれども、そのような世界旅行をくり返せばくり返すほど、おのれのユダヤ人民族意識だけではおのれのイデオロギーを支え切れなくなっていったに違いない。まして、子供の頃から十分にギリシア的教養を身につけていることはその書いていることからも知られる。新約書の他の著者達の、時とするとたどたどしいギリシア語と違って、みごとに流暢なギリシア語を書く能力があり、また、今日流に言えば大学卒程度の(今日の大学卒がたいしたことのない程度に、と言いかえてもいいが)ギリシア文化、特にギリシア哲学の一般教養は身につけている。従って、長じて世界を広く見れば見るほど、ギリシア語とギリシア文化の基盤に担われつつ、しかもギリシア精神でもなく、ユダヤ人の伝統にのりつつ、同時にその伝統をイデオロギー的に否定克服していく宗教へとむかったのは当然のことであった。ギリシア勢力とユダヤ勢力のそれぞれのうまみを身につけつつ、しかも「もはやギリシア人もユダヤ人もいない。我々はキリストにあって一つ」と叫びうる世界宗教を必要としたのである。もっとも、それにしても、パウロはきっすいのユダヤ人がキリスト教徒になった例外には違いない。そしてそれは、ユダヤ教でもギリシア精神でも、世界の帝国主義状況を覆うイデオロギーとはなりきれない、ということを本能的に感じとっていった彼の「天才」のせいでもあろう。

一般には、キリスト教の担い手は、おのれの民族性に帰属して生きていくことのできなくなった、まさに帝国主義支配下で「おのれを失った」人々であった。使徒行伝では、どの町でもまずユダヤ人の間にキリスト教がひろまり、もしくは、最小限ユダヤ人の間でキリスト教の宣伝がなされ、その後で「異邦人」にむかうようになった、という叙述がとられているけれども、これはにわかに信用するわけにはいかない。使徒行伝の著者はおのれがキリスト教伝播についてつくりだした観念的図式を、歴史記述にいちいちあてはめて書いてしまうからである。すなわち、まずユダヤ人に伝えられたのだが、ユダヤ人がしりぞけた結果として、キリスト教の「福音」は「異邦人」にむかったのだ、と言って、キリスト教がユダヤ生れの宗教でありつつ、「異邦人」宗教となってしまっていることの弁証をなしているのである。もっとも、これは、あるイデオロギー的視野に限定してものを見、そしてことの全体を短絡してとらえるとすれば、それなりに事実ではあるのだが、どの町でも常にそうだった、という著者の図式的な描写は信用するわけにはいかない。

その中でもやや信用に価すると思われるのは、十一章十九—二一節で、ここでは、シリアのアンティオキアでは最初はユダヤ人だけがキリスト教徒になったのだが、ある時期から急速に「ギリシア人」すなわちギリシア語を母語とする非ユダヤ人の間にひろまっていったことが短く語られている。きっかけは、キプロス島の出身者及びキレネつまり今日のリビアの出身者がアンティオキアのユダヤ人キリスト教徒にたちまざっており、この者達から「ギリシア人」にも急速にキリスト教が伝わっていった、ということになっている。使徒行伝の資料の並べ方の稚拙な技術の結果、この話は十一章におかれているが、アンティオキア教会のかなり初期の話であろう。そして、アンティオキアが事実上ギリシア語世界全体へのキリスト教伝播の出発拠点であったのだから、この話が示唆する事実は面白い。ごく最初の時期においてはユダヤ人の宗教にとどまっていた原始キリスト教が、かなり初期、おそらく成立後十数年以内（パウロがアンティオキア教会の陣容に加わる前だから、遅く見つもっても十数年以内、おそらくは十年以内）のある時点から、急速に、「異邦人」の宗教としての爆発的な拡大を開始したのである。ここでキプロス人とキレネ人がキリスト教のユダヤ宗教から無国籍宗教への転換点の役割を果しているのは注目に価する。むろんキプロスでもキレネでも、上層階級はギリシア人がしめていたから、彼らも先祖をたどればギリシア系につながる可能性がないといえぬが、「キプロス人、キレネ人」と言われているから、おそらくはきっすいのギリシア人ではなく、無国籍的に世界をうろうろしているギリシア語人間である。キプロス島のキプロス人、キレネのキレネ人ではなく、アンティオキアで——おそらくは商業的に何ほどか成功した——キプロス人、キレネ人である。

そしてこの場合に限らず、ユダヤ教とギリシア語世界の接点、特にキリスト教の転換点にはキプロス人、キレネ人がよく登場している。イエスにかわって死刑場までその十字架をかついでやったと言われるシモンという男——おそらくその二人の息子のアレクサンドロスとルポスがキリスト教徒になったせいでその伝承が教会内に伝わった——はキレネ人であり、しかもエルサレムに住んでいた。ステパノがユダヤ教批判を展開した時に、彼と論争したギリシア語を話す文化人の中には、キリキア(パウロの故郷)及び小アジア出身のユダヤ人とまざって、キレネ人がいた。これもエルサレムでの話である。パウロの「伝道旅行」の同僚バルナバはキプロス島出身である。ただし彼はユダヤ人であろう。おそらくは、このバルナバを通じて、キプロス島出身のユダヤ系でない者にもキリスト教が伝えられたのであろうか。パウロが最後にエルサレムに出かけた時に、市内の拠点としたのが、これまたキプロス島出身者のキリスト教徒である。この初期キリスト教の「世界宗教」への転換点でのキプロス人とキレネ人の役割については、キプロス人とキレネ人の歴史を追究するところからもう少し面白い結論が出て来るだろうが、私は力及ばず、まだやっていない。——キリスト教の内部事情からだけでわかる事実を一つ指摘しておくと、初期キリスト教における以上のキプロス人、キレネ人の活躍にもかかわらず、キプロス島にもキレネにも、キリスト教は根をはっていない。少なくとも、一、二世紀を通じて、キリスト教の中心的拠点とはなっていない。キレネについては言及がなく、キプロス島については、ローマ人の地方総督を「改宗」させたという話（使徒行伝一三・四以下）があるだけである。使徒行伝の叙述において、相当数のキリスト教改宗者が出た、とされている場合は、誇張をさしひけば信用に価するけれども、ローマ人の地方総督に気にいられた、というのは著者の護教論的関心から出ているから、あてにならない。たとえ事実としても、ローマの都から遠く離れた植民地に派遣されて、文化的に暇をもてあましたローマ高官が、旅行してやって来た何ほどかの文化人の話を一、二度聞いてやろうかと思ったとしても、そして外交辞令で、あなたのおっしゃることはなかなか真理ですね、ぐらい言ったとしても、「宣教師」の側は、総督様が神の御言に耳を傾けて下さった、と鼻の下を長くするだろうが、それだけの話である。地元の人々の間に根をはった、などということとはおよそ無縁の水準のことである。——もっとも使徒行伝の著者は露骨なパウロ主義者で、パウロ集団以外の活動は意図的に無視するから、使徒行伝に言及がないからとて、何もなかったろうとにわかに断ずるわけにもいかない。キプロス島出身のバルナバは、パウロがキプロスでのキリスト教宣伝をあきらめたあとも、おそらくは執拗にそこでの宣伝活動をくり返している（使徒行伝一五・三九）。けれども、使徒行伝以後の資料にも、キプロス島がキリスト教の一つの中心拠点となっていた、という話は出て来ない。つまり、前述のキプロス人、キレネ人の活動は、キプロスやキレネの土地に根をおろしたということではなく、帝国主義支配がつくりだした「国際的」流動の波にのって浮動していたキプロス人、キレネ人の現象なのである。

以上パウロ以前の転換点に少しふれたが、初期キリスト教が帝国主義のイデオロギーとしておのれを確立したのは、やはりパウロ以後である。そこで、パウロによってさらに飛躍的にギリシア語世界に伝播した時期のキリスト教地理を簡単に眺めてみよう。

読者諸賢はここで異説をとなえられるかもしれない。コリントス（新約書の訳語のコリント）、エペソス（同エペソ）、ピリピ、テサロニケなどのギリシア的伝統の大都市、さらにはローマ帝国の本拠ローマにこそ、キリスト教は確立したのであって、きっすいのギリシア人、ローマ人もキリスト教徒になり、その担い手になっていったのだ、と。この観察はむろん半分は正しい。つまり、初期キリスト教は大都市の宗教であった。コロサイのような内陸の小都市の例もあるが、これもエペソのような大都市のキリスト教からの派生現象として生じているのであり、またコロサイだけなら小都市でも、近隣のラオディケアとヒエラポリスとあわさって都市群をつくり、エペソの政治文化経済圏に属していたのである。

ローマから見よう。ローマのキリスト教は、パウロとは独立に、パウロ以前から存在した。ごく初期にはユダヤ人キリスト教徒が相当数いたと思われるが、クラウディウス帝のユダヤ人キリスト教徒（もしくはユダヤ人全体?）追放令（四九年）以降、「異邦人」キリスト教徒が主になったと思われる。だがこの「異邦人」の主体は、ローマ市でありながらローマ人ではない。パウロがローマのキリスト教徒に書き送った書簡がギリシア語で書かれているのは、パウロがギリシア語しかできなかった（ヘブライ語やアラム語は何ほどかできただろうけれども）ことから当然かもしれぬが、それにしても、パウロはラテン語で書いていないということを何ら気にしていない。そしてその書簡のあとパウロ自身ローマに行って、かなり長期間活動するのだが、その対象は主としてギリシア語を話す者達であったと考えられる。パウロのような教養人なら、比較的短期間に何ほどかラテン語をこなすようになったかもしれぬが、ペテロが伝説に伝えられる通りにローマに行ったとすると、ギリシア語でさえやっとだっただろうから、とてもローマ人を対象とすることはできなかっただろう。もっとはっきりした証拠は第一クレメンス書簡である。一世紀の末頃書かれたこの書簡は、ローマ教会を代表する立場にある者が書いているにもかかわらず、ギリシア語で書かれている。つまり一世紀全体を通じて、ローマ市のキリスト教はローマ人の宗教ではなく、世界都市ローマに主として商業上の理由から流れこんで来た無国籍的なギリシア語を母語とする者達の宗教であった。もしも二世紀半ばに書かれたいわゆる第二クレメンス書簡もローマ教会の人間が書いたのだとすれば、この状態は二世紀までずっともちこしていた。ローマの教会がローマ人の教会になったのは、かなり後のことである。

コリント。アテネと並ぶギリシアの古典的な都市。従ってきっすいのギリシア人が……というわけにはいかない。紀元前一四六年にこの町はローマ人によって徹底的に破壊され、同四四年に、ローマ人の植民都市として新しくつくられたのが新約書のコリントである。ローマ人の植民都市といっても、最上層部をローマ人がしめた、というだけのことで、都市構成員はローマ支配下の諸民族のギリシア語を話す者もしくは話さざるをえなくなった者があちらこちらから流れこみ、連れこまれ、してつくりあげていたのである。これはもはや古典的なギリシアの都市ではない。まさに帝国主義支配下で、その状況を利して世界的に動きまわってもうけた奴ら、逆にその状況に強いられて故郷喪失者になり、新興都市の下層民を形成せざるをえなくなった者達の都市なのである。そのコリントでパウロのキリスト教は圧倒的な成功をおさめた。それに対して、まがりなりにもギリシアの古典的伝統を保っていたアテネでは、パウロのキリスト教はものの みごとに失敗している。アテネは長い間キリスト教の中心都市にはならなかった。エペソもまた、イオニア地方の海岸の、古くからのギリシア文化の伝統をひく都市であったにせよ、ローマ帝国の属州「アジア」の州都として、つまりローマ帝国の小アジア支配の中心拠点として、コリントほど前時代との断絶はないにせよ、コリント同様「国際的」な都市としてつくりかえられていった。そしてここも大きな港湾都市なのである。現代の都市と比べれば、シンガポール、解放前のサイゴンや南京、独立前のカサブランカ、あるいは今のケープタウンなどを思いうかべればいいのである。

テサロニケとピリピは、いずれもマケドニア地方の大都市だが、マケドニアの場合、まさに、キリスト教の進出の基盤があったといえる。同じギリシア語を母語とするにせよ、きっすいのギリシア人からは田舎者として常に馬鹿にされ、政治的軍事的な力を持ったとしても、ギリシア文化に対するある種のコンプレクスを持ち続けざるをえなかったのがマケドニア人である。さらには、ヘレニズム時代からローマ時代を通じて、この二都市もコリント、エペソと同様な国際的な大都市につくりあげられていっている。

つまり初期キリスト教は国籍喪失者的な新興大都市居留民の宗教なのである。これが農村部に波及したのは、キリスト教が大都市の政治権力をも押さえ、その権力の行為として、大都市支配下にある農村に、今度は「上から」の宗教として進出していったのである。

そろそろ一応の結論に近づいた。帝国主義支配下において、国際的に巨大な軍事的社会的経済的暴力の前に否も応もなく各個人は意識面において不安な流浪を強いられる。その意識面の不安な流浪は、必ずしもすべての個人が現実にその運命に出くわすとは限らないが、現実の生活面、肉体上の存在における流浪を強いられる、もしくは強いられる可能性があることに帰因する意識なのである。そして、その現実状況が変らぬままに、意識面においてともかく安心自足することを求めるところに生れるのが、広義の帝国主義のイデオロギー、特にその宗教的イデオロギーである。この種のイデオロギーとしては、支配者が意図的に操作し、つくり出すよりも、「民衆」の間におのずとひろまっていく場合の方がイデオロギーとしてよほど強固に根をはる。だが一度根をはれば、世界的な帝国主義支配者にとって、これほどうまいイデオロギー状況はない。その意味で、キリスト教は世界宗教としておのれを確立しようとした瞬間から、まさに典型的に帝国主義の宗教としての本質を備えていた。これほどはっきりした本質を身につけた宗教はほかにはない。思えば、人類の歴史はとんでもない代物を生み出してしまったものである。自分達がどういう被支配状況におかれているかに目覚めて、その状況に抗して立ち上るべき人々が、キリスト教のせいで逆に、その状況の中でどうやって少なくとも精神的に安住して生きていくかを求めてしまったのだから。いろいろ波はあり、様相の変化はあったにせよ、キリスト教は二千年間そういうものとして存在してきた。

蛇足を二つつけて終りにしよう。

第一に、以上の理由から、民族主義「ファシズム」に抵抗するのにキリスト教に依拠する運動には、私はつきあう気もなければ、旗を振る気もない。それが極度に良心的につきつめられた時には、一時的に何ものかではありえても、長い世界史的視野に立てば、どんなに主観的に良心的ではあっても、所詮はより大きい帝国主義の勢力に奉仕することにしかならない。この種の運動は、要するに、自分の国の山賊を追い出すのに遠くの強国の軍隊に頼っているようなものである。特に、はたからこの種の運動に対して旗を振るのはやめた方がいい。むろん、この種の運動が展開していって、より根源的に人間の解放へとつらなる運動になりうる可能性は常にある。ただしそれは、おのれの出発点となり、拠点となったキリスト教を、運動の展開につれて、自己批判し、否定的に超克するところまで行きつけば、の話である。

第二に、普段は宗教になど関心もない者達が、宗教心などというと、それだけで何か人間存在の根底にふれてくるようなものだろう、などと淡い憧憬をいだくのはやめておいた方がいい。宗教についてどうのこうの言いたければ、その世界史的実態をよく見きわめた上で何か言うがいい。

（一九七五年十月二五日）

ウィリヤム
――宗教的世界世論の本質――

一

アフリカにおけるキリスト教の役割を一つの出来事、というよりも一つの出来事の報道の仕方を通じて、何ほどか描き出してみよう。モザンビクのウィリヤムにおける虐殺の報道の仕方である。一九七二年十二月に、ウィリヤムなる村の住民が、ポルトガル軍によって虐殺された。そのほとんどが女と子供であった。これがきっかけになってそれ以前のいくつかの虐殺も明るみに出た。だがその虐殺が世界的に知られるようになったのは、半年以上もたって、イギリスの新聞タイムズが大々的に報じたからである。その報道をきっかけに、欧米「先進国」の「進歩的」世論は、ポルトガルを非難する声を強めていった。そのあたりの報道のからくりに、どうしてもひっかかるものを感じるのである。

もっとも、アフリカにおけるキリスト教の役割といっても、キリスト教そのものにこの際興味があるわけではない。また、必ずしもアフリカそのものに興味があるわけでもない。この問題は実は、現在の日本のイデオロギーの動向を批判的にとらえるのに、大きな示唆を与えてくれるからである。

むろん現在我々日本人にとっても、アフリカを知ることは急務である、ということは言える。何しろ、アフリカをあまりに知らなさすぎるうちに、すでに日本はこの大陸に深入りしすぎてしまった。これまたある意味では結構なことである。今の世界では、地球の反対側のすみずみまで、互いに関係なしにすますわけにはいかなくなっているのだから。これをあわてて日本帝国主義のアフリカ侵略と一言で言ってけりをつける勇気は今の私にはない。一言で言えばそうとしか言えないし、本質的にはどこまでもその力と抗っていかなければならないのだが、これを単純に善玉悪玉的に色分けて、「日本」が「海外」に存在すれば直ちに「悪」ときめてかかり、その悪口を言っていれば、日本帝国主義に対する戦いになる、というような簡単なものではない。何を当り前なことを、と言われるだろうが、帝国主義というものは日本だけの問題ではない。日本だけの問題ではない、というのは、日本以上にけたはずれに巨大な帝国主義諸力が錯綜している中に日本帝国主義をおいてとらえなければならない、ということでもあるが、ここではそういうことを論じようとしているわけではない。それよりももっと当り前なことを、つまり帝国主義というものは侵略される国と侵略する国の関係だ、ということを言おうとしているにすぎない。ということはつまり、アフリカに身をおいて日本帝国主義をとらえる、というのでなければ、ことの一面しかわからない、ということである。これは必ずしも自分自身アフリカに生活してみなければわからない、ということではない。そうだとすれば、大部分の日本人は所詮、アフリカどころかアジアにおける日本の位置さえ押さえられないことになってしまう。近頃短期間アジア諸国をさまざまな理由で旅行する者がふえたとはいえ、そこで生活する者はまだ僅かだし、まして、そのほとんどは日本人部落を形成して生きているのであって、相手国の人間の場において生活するということはめったにない。それがアフリカとなれば、さらにけた違いに数は限られてしまう。むろん相手の場にみずからの身をおいて生活してみれば、一番よくわかるには違いないが、もっと重要なことは、そうしないでも、問題を相手の側から見れる、という問題意識を養うことである。体験しなければ、というので、所詮相手と運命を共にするわけではない観察者が「体験」のために大勢押しかけることは、相手にとって迷惑なだけでなく、そのこと自体がもう一つ余計な力関係をつくりだしてしまう。むしろ必要なことは、こちら側にいても、あちら側の眼を持ってものが見える、ということでなければならない。それは想像力の問題である。想像力とは勝手な像を描き出すことではなく、おのれが体験しなくとも、他者の現実にまで到達しうる理解力ということである。その意味で知性とは想像力のことである。そして、想像力なしに連帯することも不可能である。

想像力はすぐれて歴史の問題である。歴史の過去を今の人間が体験し直すわけにはいかぬ。しかし歴史をとらえるには、その歴史の場に生きていた者の眼をわかちうるのでなければならぬ。歴史資料の文字を右から左に、いや左から右に写していれば、それで歴史記述になると思っているような歴史は、上手の芝居を猿が真似たことにしかならぬ。いわゆる客観主義史学の問題はそこにある。よほど想像力の貧困な者でない限り、そういう歴史は書けぬ。またそれに対するに奇妙な主観主義を対置してみてもどうにもならぬ。つまり、歴史の「我々」にとっての「意味」なんぞをいくらかつぎまわってみても、歴史の事実にはせまれない。ここで想像力というのは、おのれが身をおいていない歴史の場の現実をとらえる力を言うのであるから、それは、いわゆる史学の客観だの主観だのを越えて、事実に接近するものである。だが歴史をこのようにとらえるということは、とどのつまり、おのれの生きている場をどのように見ているか、ということに連なる。おのれの生きている場そのものを巨大な歴史的流れにおいてとらえる眼がなければ、過去の歴史をそれとしてとらえることもできぬ。そして、この歴史的想像力が現代を見る力でもある。地球の裏側の現実に到達する想像力を持たなければ、おのれ自身もとらえきれぬ。

さて話をアフリカにもどすと、今、実際たいした速度で「日本」はアフリカにひろがっている。このキンシャサの町はタクシーがやたらと多い町だが、そのほぼすべては、マツダかダツン（あのローマ字をダットサンと読む呑気な外国人はまずいない）かトヨタである。以下にあげるのは二年前までの数字だが、最近の日本資本のアフリカへの進出ぶりは驚くに価する。

一九七二年夏ザンビアに九十億円以上の借款の約束（これは鉄道と放送網のために用いられる――見返りはむろん銅）、ナイジェリアには一九六六年にすでに百億円以上、最近また六十億円以上、これは水力発電所、製糸工場に、見返りはむろん石油、ケニヤには一九七三年一月にモンバサ空港拡大のために五十億円近く、ザイールには一九七一年から鉄道建設のために約三五億円、等々。以上は直接政府間のものだが、それに保護されて各種資本の進出はものすごい。石油や鉱山会社については最近比較的多く指摘されるから、違う例を一つあげておくと、ケニヤ丸善は年に六百トンずつの茶を日本に持って来ることになっている。これにその後の数字を加えると、さらに加速度的にふえているから、そのために独立の論文でも書くのでないと、とてもあげきれない。銅鉱で有名なザイール南部のシャバ地方（以前カタンガと呼ばれていた）には、やや以前から日本鉱業がかなりな規模ではいりこんでいたが、最近それ以外の日本資本もはいりはじめている。この原稿を書いている時から発行される時までの間に、まだまだふえるだろう。アフリカ間国際規模の例では、アフリカ横断道路の建設を日本が請け負っている。これはザイール北部を通過する。ザイールにいて、ザイールに関係ある部分だけ拾っていてもこの調子だから、アフリカ全体を見たら大変なものだろう。

小さい数字だが顕著な数字を一つ。一九七四年の前半六ケ月にザイールに入国した外国人は三〇三四四人。そのうち隣国のザンビア人が当然多いのは別として、次はアメリカ人が三二三四人、それに対して日本人は一一三二人。この数字は一つの指標になる。かくして日本は今や、アフリカを食い荒す白人共の仲間入りを着々と果しつつある。

だから、一般にほとんどの日本人が考えている以上によほど日本はアフリカに関係を持ってしまっている。いや、ほとんどの日本人が考える程度以上に、どころの問題ではない。ほとんどの日本人は、どの程度もこの程度も、アフリカのことを考えたことさえないのだから。アフリカといえば、熱帯の密林に象がいて、ぐらいにしか思っていない人が大部分で、あとの大部分は、ルムンバにエンクルマに、南アフリカの人種差別とエチオピアの社会主義、といった政治的話題の表題を思い出すのがせきの山だろう。

アフリカに関する日本での出版物は、雑誌単行本を含めてそもそも多くはないが、その多くないものが、ほとんど二種類のことに限定されている。一つは人類学系統のもので、相も変らず「未開人」

の生態をさぐる、という興味に支えられている。それはそれで面白いものが多いが、そればかりではアフリカの現実にほとんどふれてこない。この大陸は、森とライオンとピグミーの世界であるよりも、トヨタとマツダとダツンが走りまわり、石油と銅とウラニウムで大騒ぎしているところなのだ。もう一種類は、はなばなしい独立闘争のあとばかりを追いかけるもので、一昔前はエンクルマやルムンバばかりであり、今ではギネア（ビサウ）、モザンビク、アンゴラの解放戦線である。これらも今や独立したから、やがて忘れられて、次はジンバブエだろう。つまり、近代以前と、現代の超先端ばかりを追っていて、現代の広範な現実にはまったく眼がいかないのである。むろんこれらの独立闘争には頭が下がる思いがするし、そこから我々は多く学ぶことができる。しかし、もう独立してしまったアフリカの国々が現在おかれている近代的かつ超近代的苦悶にはほとんど興味を示さない、というのはどういうことだろうか。かつてエンクルマやルムンバについてあれだけ語った人々、あるいは今モザンビク、アンゴラについて多く語る人々が、現在のガーナやザイールについてどれだけ興味を持っているのだろうか。市民的良心派は、独立したらもう問題はなくなったと思って忘れてしまう。左翼的外国好きは、これらの国は今やアメリカ資本が支配していて面白くないと一蹴し、解放戦線のはなばなしいところばかりに目をつける。だが、独立後、世界のジャーナリズムの興味をひきつけなくなったあとで、かえってますます強くなる白色資本の支配のもとにあえぎつつ、少しずつ「第二の独立」にむかって前進しているアフリカ諸国の現状こそ、我々が知る必要があることではないのか。

もっともかく言う私にしたところで自慢にならぬので、ザイールに来る一年前に、来ることを決めた時には、さすがにザイールのことは多少知っていたけれども、アフリカ全体のこととなると皆目の無知で、まずアフリカの地図をひろげて、アフリカ諸国の名前と、それがどこにあるのかを覚える作業からはじめなければならなかった。自分が無知だったから人様もそうなんだろうと失礼な想像をめぐらすわけではないけれども、どうもこの点については残念ながら、そう想像しても失礼にあたらぬぐらい日本人のアフリカに関する無知は事実だろう。

そして、ここに一昔前の直接的帝国主義と今の帝国主義の様相の一つの相違がある。かつて日本はアジア諸国に侵略していく時に、さかんにその侵略していく国々についての知識を国民に吹きこんだ。それはむろん、知識というよりは、侵略を理屈づけ、糊塗するための煙幕だった。まだ知らぬ方がまし、といった程度のゆがんだ知識が大量にふりまかれた。これは、直接的な侵略だから、言い訳をする必要にかられたのである。今では様相が異なる。間接的な侵略だから、それを侵略と見る人は少い。なるべくそっと静かにはいりこんでいくに限る。鳴物入りで大騒ぎする必要なんぞさらさらない。余計な奴が余計なことを言い出さないためには、なるべく静かにしておくに限る。かくして、日本人の大部分がアフリカについてまったく無知なままに、日本資本はアフリカ中に根をおろしてしまった。しかも、その先兵として現地にやって来る日本人達も、大部分は、おのれの仕事に関する限りは実によくものを知っており、従ってまたおのれの仕事に関係する限りにおいて実によくアフリカのことも知っているけれども、それ以外の点になると、まったく何も知らぬ、ということが多い。

日本がアフリカに関係を持っているとか、日本資本がアフリカに大幅に進出したとかいう言い方をしてきたけれども、本当のところ、それは日本の問題ではない。というより、日本に限られた問題ではない。だから、これを素朴な経済優先主義やら、素朴な民族主義から(これらのものが本当は素朴であるはずもないのだが、思考の水準からすれば「素朴な」)、大変結構なことです、と思うにせよ、逆に、素朴な帝国主義反対から、教育ママの悪書狩りよろしく、海外に「日本」の足跡を発見すれば、悪魔を発見したかの如く、さかしらに騒ぎ立てる、という素朴の裏返しにせよ、ことを本質につき入ってとらえていないことになる。今や、好むと好まざるとにかかわらず、世界は多様に入り組み、交錯しあっている。そしてそれは、動かし難い歴史の流れとして滔々と流れている。それを知らずに、ことを「日本」の問題に還元してしまっては、実態が何ら見れないことになる。たとえば、タクシーはほとんど日本製だ、と書いた。しかし、乗用車で圧倒的に多いのは、フォルクスワーゲンである。これは少くとも三つもしくは四つの外国がからまっている。フォルクスワーゲンだから、むろん西独資本である。しかしこれは西独から運ばれて来るのではなく、ブラジルに工場がある。ブラジル・フォルクスワーゲンは、ある意味では本国の会社よりも大規模である。自動車産業の先行きを見越して、今では、その資本を農業経営にまで投下しつつあるのだから。そしてこの点で、フォルクスワーゲンが狭いヨーロッパから、大資本農業経営がこれからいくらでも発展するブラジルに出て行った理由でもある。さらに直接的には、本国よりもブラジルの労働力の方がぐんと安い。だが、ことは西独とブラジルだけの関係ではない。ブラジルは周知のように長いことポルトガルの直接、間接支配下にあった。最近のポルトガル支配下の南アフリカ諸国の独立戦争に際して、ポルトガルがブラジル人の傭兵をつぎこんだ、ということは記憶に新しい。この事実は、象徴的にヨーロッパと南アメリカとアフリカの三角関係を示している。白人帝国主義は、アフリカを支配するのに、汚い仕事、危険な仕事、あまりもうからない仕事は、南アメリカの旧植民地にやらせる、というからくりである。アンゴラ、モザンビクにほど近いザイールに、ブラジル産の車があふれている、ということも、これと関連して見なければならない。もっともこれだけの規模の経済的問題になると、ポルトガルにその力はない。従って、西独の力を借りる必要がある。ポルトガルの中に軍事基地を持っている西ドイツが、ブラジルに巨大な資本輸出をする、というからまり方なのである。そして、ブラジル人民は低賃金労働で搾取されつつも、ドイツ企業がアフリカでやるぼろもうけのおこぼれにあずかることができる。おそらく、モザンビク、アンゴラの旧植民地でもうけていたポルトガル人のうち、財力のある者は、「社会主義化」しつつあるポルトガルに帰ることはせず、ポルトガルの昔の勢力圏で今は北米を中心とした世界的帝国主義陣営の中にうまく組みこまれているブラジルに行って、そこから間接的にアフリカの旧ポルトガル植民地に手をのばそうとするだろう。そういう仕方で、南アメリカ人民がアフリカの搾取に参加し、南アメリカとアフリカがうまく分断して統治されることになる。

ここにいれば、俺達アフリカ人は、ブラジル人にもうけられちまっている、という感じを非常に強く持たざるをえない仕組みになっている。何しろ、フォルクスワーゲンはみな、この車はブラジル製です、とでかでかと書いた紙をはって走りまわっているのだから。そして、そのブラジル経済の全体をアメリカ資本が押さえる、という形で、ヨーロッパ、アフリカ、南アメリカの三角関係の背後に北米の鎧がかくれている。日本産のタクシーがこの国に多い、という現象は、以上の問題とつなげて見るのでないと、全体的なからくりが見えて来ない。

これが話の本題ではないので、あまり深入りはしないが、つまり、日本資本の世界的な進出は、一方では、複雑にからまりあった世界の帝国主義諸勢力の一環として、その一部分として機能している。この点は比較的見えやすい。しかし他方では、それらの欧米帝国主義の巨大な機構のすきにつけいり、彼らと競争関係に立ちつつ、進出して行っているのである。これも、これだけとして独立に見れば誰の眼にもすぐ見えることである。ところが、この後者の点が白人共の眼には、それだけで拡大されてとらえられ、許し難い悪に見える。長年の伝統により、白人資本がアジア特にアフリカの生活のすみずみまで支配していることは、「自然」なことと思われてしまっている。この感覚に抗うには、非常な鋭敏さを必要とする。口を開けば新植民地主義に対する戦いを語るアフリカの一部の知識人でさえ、その生活感覚においては、毎日のほとんど意識もしない生活のすみずみまで白人資本の支配がおよんでいる、ということはあまり気にしていない。理論的にはそういうことは言いえても、何しろ、生活のほとんど自然な部分と化してしまっているところまでそうなのだから、いちいち感覚面でまで意識していたのでは疲れてしまう。町を自動車が走る、ということには、都会の人間なら慣れてしまっている。その自動車が全部白人資本の産物だということはいちいち考えない。そこに、日本製の車が大量にはいってくる。これは今までなかったものだから目立つ。黄色い奴がごそごそはいって来て秩序を乱した、という感じになる。

そこで奇妙なことがおこる。たとえば話を銅にとろう。一九七四年、特にその後半、銅価格はあれよあれよと目を見はるほど下落した。これはむろん南部アフリカの政治状況に関係する。かつてチリのアジェンデ政権を倒すのに最も有効な手段は、銅価格の下落であった。これはよく知られている事実である。七四年後半の銅価格の下落は、その折と非常によく似た現象である。似すぎている、とさえ言える。周知のように、アメリカ、ソ連のけた違いに銅産出量の多い二国を別にすると、それに次ぐ世界の三大銅産出国はチリとザンビアとザイールである。チリは「けりをつけられた」。今、世界史の焦点は中近東と南部アフリカにある。モザンビクとアンゴラの独立は、単にこれら二国とポルトガルの関係にとどまらない。モザンビク、アンゴラ、ナミビアを緩衝地帯として、南ア、ローデシアの悪名高い人種差別国家が安泰を保ってきたのである。だから、モザンビク、アンゴラ二国の独立は、南ア、ローデシアにおけるアフリカ人の独立、解放、自立の運動をはるかに強める。南ア、ローデシアの人種差別国家が崩壊するのはもはや時間の問題である。ここまではもはや常識であって、欧米帝国主義といえども動かし難い。だが、南部アフリカも結局全部アフリカ人の独立国家になるとしても、そのアフリカ人独立国家は白人資本の権益を守り、欧米帝国主義諸国の「おとなしい弟」となってくれないと困る。だから、独立を妨げる、というのではなく、むしろその独立をおのれの好む方向に持っていこうとしているのである。これは、かつて六十年代はじめにアフリカのほとんどの国が独立した時に、あるいはその後の過程を通じて、実際に「成功」した手である。けれどもいつまでもその種の「成功」がうまくいっているわけはない。その独立国の一つザンビアは、今までその豊富な鉱山資源を輸出するのに、ローデシアを通ってモザンビクの港に出る鉄道か、もっと遠まわりでザイールをぬけてアンゴラの港に出る鉄道が、ほとんど唯一の輸送経路だった。それが、中国の手によって、ザンビアとタンザニアをつなぐ鉄道がつくられ、すでにその一部は開通し、やがて全線開通しようとしている。このザンビアがどんどんアフリカ民族主義と社会主義への傾斜を強めており、そして、このザンビアが、アンゴラにもモザンビクにもローデシアにも国境を接しているところから、それぞれの解放戦線はザンビアを基地としていたのである。だから、モザンビク、アンゴラをできる限り欧米帝国主義の支配の及ぶ下で独立させ、ローデシアでは黒人を「参加」させつつ白人の優位を保つためには、ザンビアそのものをもっと欧米帝国主義の意に服従させるようにせねばならぬ。他方ザイールはといえば、アンゴラと最も長い国境線を共有し、特にアンゴラの飛地カビンダは、ザイールに半分以上かこまれている。地図上ではちっぽけなこの飛地は、中央アフリカでは最も石油資源の豊富な場所だから、ここをめぐる帝国主義諸勢力の動きは大変なものである。アンゴラ自体がモザンビクとは比較にならぬほど「資源」の豊富な国である。だからアンゴラに親米政権をつくり、カビンダを欧米資本のまったき支配下におくには、今まで中部アフリカでもっとも親米政権と言われてきたザイールを利用するに限る。ところがそのザイールが七三年以来やたらと中国に接近しはじめ、特に七四年の中国、北朝鮮との接触ぶりは、欧米帝国主義からすれば目にあまった。といっても、経済的な面では親欧米の線はほとんどまったくくずしていないにもかかわらず、白色帝国主義の眼から見れば、すでに十分不安なのである。アフリカ人が中国と接触するなどというのは、白ん坊どもからすれば、許し難い犯罪なのだ。

とすると、銅価格を操作してザンビア、ザイールに経済的打撃を与えつつ、場合によってはそれぞれの現政権を倒して傀儡政権をつくるか、あるいはそこまでやらなくとも、経済的な力の弱まりに乗じて事実上の支配力を強めていくか、というのは、見えすいた帝国主義戦略である。(結果においてザイールは、アンゴラの親米勢力を直接支持することにより、独立時におけるアンゴラの内戦に介入することになった。) チリの次には中南部アフリカで、というわけだ。

ところが、それを露骨にそう言ったのでは、反感を買うだけ損である。だから彼らは広い規模で世界的な世論操作をやる。必ずしもその都度いちいち世論操作を組織しなくとも、「言論の自由」を享受している「自由」世界の学者、評論家、新聞記者は、ほっておいてもその世論操作に進んで協力してくれる。いやこの「自由な」言論人達は、自分がそれに協力しているという自覚さえない。変な自覚はない方が都合がいいのだ。自覚なんぞされたらせっかくの世論操作が、まさに仕組まれた世論操作として、うさんくさいものになってしまう。そうではなく、まさに「学問的」認識として、「自由な」言論として語られてくれないと困る。そして、そのためにこそ先祖代々受けつがれた腹の裏側のおのれのイデオロギー的前提を反省してみることもしない大量の欧米型知識人が十分数がそろっている。無理に操作しなくても、ほっておけばあらゆる型の情報操作が彼らによって「自然に」行なわれていく。

ウィリヤム

七四年後半期、あっという間に半額以下にすぽっと落ちこんだ銅価格低下の理由として、白人経済学者はほとんど本能的にうまい理由を考えついた。ちょうど、ザイールの銅をベルギーとその背後にある米英が独占していたのに、日本が割りこんで、その日本がザイールからかついで来た銅を精錬して何ほどか世界市場に売り出した時期にあたっていた。日本が世界市場の需給関係を考えずに「大量に」精錬銅を輸出したから、それで銅鉱石や粗銅の価格がさがった、というのである。この場合、白色帝国主義の銅生産独占は「自然」な状態とみなされ、日本人が割りこんだ結果その自然な調和が乱された、と説明される。経済現象を経済現象の表相だけで説明しようとする経済学者には、それ以上の知恵はわかない。ところが、無自覚のイデオロギーを基礎にしたこの種の無自覚的世論操作に対して、アフリカ(に限らないが)の知識人のほとんどはまったく無防備である。だからザイールの諸新聞や、経済の専門誌などにも、この日本に責任をおっかぶせる説がそのままうのみにされて書きうつされる。日本帝国主義の進出を槍玉にあげる、ということは、多くの場合、それをなだめの小羊としつつ、もっとよほど強力な欧米帝国主義が世論操作上もうけてしまうのである。

一方では日本帝国主義は欧米帝国主義の一部である。その運命共同体をなしてしまっている、とさえ言える。他方では、日本帝国主義はその異分子であり、欧米帝国主義を救うためにいつでも鬼子にされて叩かれる位置にある。この関係を見きわめておかないで、単純な善玉悪玉論理で、日本資本がアジア、アフリカに存在することは「悪」である、とやってしまうと、帝国主義に対する戦いを一所懸命「良心的」にやっているようで、実はとんでもないところに奉仕することになりかねない。それでおのれの「良心」を満足させようとも。

きっかけがあればいくらでも日本商品排斥運動は世界中のどこででも成立しうる。アジア諸国がそれをやるのは、当然の憤りが背景にある。しかしその場合でさえ、日本帝国主義と欧米帝国主義のこのからまりぐあいが押さえられなければ、日本を追い出すことが、欧米の独占支配を強めることにしかつながらない場合はいくらもある。ましてやアメリカ人共が日本商品排斥をやるとなれば、いったいなんだ、ということになる。

日本企業が台湾の労働者を低賃銀で搾取しているからというので、日本商品排斥運動をおっぱじめたアメリカの「良心的」キリスト教徒がいた。この場合、台湾人が日本企業に対して怒るのは当然である。彼らが日本商品排斥をはじめたとしても、我々としてはその前に頭を下げる以外にない。しかし、アメリカ人どもがそれをやったとなったら、別問題である。てめえらの大資本農業が「自由化」をせまることによって、日本農業がどんどん破壊され、日本がますますいびつな工業発展に身をよせかけていったことも知らねえで、日本商品ボイコットなどときいたようなことを言わないでくれ。てめえらがてめえらの国の大資本農業の生産物を一切ボイコットした上でなら、話は別だが。

朴鐘碩氏という在日朝鮮人が日立によって就職差別された事件があった。これは今ではよく知られていると思う。朴氏はこれをおのれ一個の問題にとどめておかずに、日本における朝鮮人差別全体をはねのけようとする運動へときずきあげて行った。日本を離れる前の比較的短い期間、私も彼を「守る」会の発起人の一人に名前をつらねさせてもらった。東京にいなかったせいもあり、おまけに自分の知っている他の在日朝鮮人からこの運動を強烈に批判されてそれに答えることもできなかったせいもあって、事実上ろくな協力もできなかったが、個人的には、朴氏の姿勢に対してただ頭がさがるのみであったし、日本人としては、在日朝鮮人差別の根の深さを前にして、朝鮮人が日本人全体を弾劾するのは、当然なことだと思わざるをえない。だが、アメリカのキリスト教徒がこれにのって、日立製品のボイコットをはじめた時には、やはり腹の中が煮えくりかえらざるをえなかった。韓国がアメリカの南ヴェトナム軍事侵略にもっとも露骨に手を貸したからとて、我々日本人に韓国産の海苔をボイコットする権利などないのと同様、アメリカのキリスト教徒どもが、在日米軍が相変らず日本人を遊びのために射撃してみたり、酔っぱらってひき殺したりしていることに対して、在日米軍を日本から追い出すことに何の協力もしないでおきながら、日本製品をボイコットなどする権利はない。ガルフが沖縄の平安座島の六割を買い占め、島民の生活をめちゃくちゃにしたことに対して、てめえらは、ガルフの石油を一切買わない運動をしようなどと、考えついたことさえあるのか。日本の電気製品を買わない運動が世界的にひろまって得をするのは、アメリカの電機会社であり、またアメリカの庇護のもとに羽根をのばしているオランダのフィリップスだの、西独の電機会社だのである。

似たような関係は、ヨーロッパ内部にもある。ポルトガルでまだファシズム政権が支配していた時、オランダの「良心的」なアフリカ人民解放闘争連帯派が、アンゴラ産のコーヒーをボイコットする運動を起した。ポルトガルが植民地アンゴラのコーヒーでもうけて、そのもうけた金をアンゴラ支配のために使っている。従って、アンゴラ解放の運動に協力するためには、ポルトガルがアンゴラから持って来て売っているコーヒーを買わないことだ、というのである。しかし、オランダにいるポルトガル人やスペイン人労働者の搾取のされ方を思う時、てめえらのやるべきことはほかにあったはずだ、と言わざるをえない。オランダにいるポルトガル人やスペイン人、さらにイタリア人ほかの出かせぎ労働者の賃金と生活水準がオランダ人一般の水準と等しくされる、というような運動をぬきにして、西ヨーロッパ全体の中で、富めるオランダ、西独などが圧倒的にポルトガル、スペインを搾取している、という関係をぬきにして、そのポルトガル、スペインが、苦しいからますますおのれの植民地で悪どくかせごうとする、という、その現象だけを叩く権利など、オランダ人にはない。

話がアンゴラにもどって来たところで、アフリカの問題にもどろう。

二

だが以上ではまだ、アフリカに乗りこんで来る力の側からものを見ているだけである。それを、アフリカの内側から見るのでないと、はじめに述べた視点、つまり、想像力の問題にたどりつかない。

これをたとえばこの国の銅の問題から見てみよう。善玉悪玉的左翼論議からすれば、日本資本がザイールで九州よりも広い地域で銅の採掘権を持っている、などというのは単純明快な悪である。こんなけしからんことはない、と言って騒ぎ立てることになる。確かに本質的に言えばこれは帝国主義的な侵略の問題である。悪である。だがこの悪は、善玉悪玉的に、これはいけません、よしましょう、と騒ぎたてすむような単純な悪ではない。根深く世界史的にからまっている事であって、もっとよほど強大な悪の表相にしかすぎぬ。そこがわからないと、たとえばモザンビクのカボラバッサのダムの件など目を白黒させることになる。日本資本の銅にたどりつく前に、カボラバッサから述べておこう。

ザンベジ河という大きな河がある。ザンビアの国中に網の目のようにひろがった諸支流を集めて一つの河となし、モザンビクを流れ下る。アフリカの川はやたらと大きい。ザンベジ河もザイール河と比べれば小さなものだが、それでも、流域面積からすれば、ヨーロッパ最大のヴォルガ河に匹敵し、黄河よりも大きい。こういうところにダムをつくれば巨大なものになる。これがカボラバッサのダムである。高さは百五十米だから、黒部や奥只見より小さいが、河自体の大きさがけたはずれに違うから、これだけで、沖縄本島を二つあわせたぐらいの大きさの人造湖ができてしまう。その発電能力も大変なものである。このダム計画については、反対運動が世界的に燃え上ったから、知っている人も多いはずである。問題はモザンビクの現在の工業能力からして、これだけの電力量はとても使いきれないので、というよりも、これはもともとモザンビクのための計画ではなく、南アフリカの資本が中心になってダムをつくり、そこから千四百キロの長さの高圧線で、南アフリカまで電気を持ってこよう、というのである。モザンビクはこれまでポルトガルの植民地とはいうものの、実際には南アとローデシアの経済支配下にあった。南アやローデシアはモザンビクの港をおのれの産物の輸出港として利用していただけでなく、モザンビクから季節労働者や移民労働者が多く南アに行き、これが南アの低賃金労働者の一つの層をつくっている。このダムができれば、その電力を利用して、ますます、南アの少数白人の工業支配力がのび、モザンビクからはますます低賃銀労働者が南アに流れることになる。

――もっとも、南アにとってはそれほどカボラバッサの電力は必要ないので、これだけの長さの送電線をつくるだけでも損な投資なのだが、モザンビクにおけるポルトガル支配を助けるための一種の政治的援助だ、という説もあったが、私はこれは信用していない。みすみす損とわかっていて、これだけ巨大な投資をする資本家はいない。全計画が完成しても、南アの全電力消費量の八パーセントしか供給しないから、たいして役に立たない、というのだが、ダム一つで八パーセントも供給したら、大変なものである。そして将来、結局この電力を南アに持ってこず、モザンビク内で消費するにしても、投資として大いに「価値」があるはずである。その議論はまあともかく――いずれにせよ、南部アフリカにおける少数白人の支配の強化になるだけで、アフリカ人民の解放に逆行する、というので、カボラバッサは南部アフリカにおける悪の代名詞とすらなり、国際的な大きな反対運動をひきおこした。南ア資本が中心となり、それに西独、フランス、スウェーデン、イタリア、ポルトガル、米英の国家と企業が参加したのだが、反対運動の結果、スウェーデンとイタリアは国家としてはぬけた。ちなみに、イタリアはアルプスをかかえてダム建設の技術が発達しているせいもあって、アフリカの大きなダム建設と発電工事をいくつも手がけている。すでに第一期が完成し、最後まで完成すればカボラバッサなど比較にならないほど巨大なザイールのインガのダムも、イタリア資本とイタリア技術によっている。

さて、ここまではよく知られていることだが、ポルトガルの革命で情勢は一変する。モザンビクの独立が一挙に早められ、去る六月二十五日についに独立をはたした。となると、今までカボラバッサを攻撃する立場にあったFRELIMO（モザンビク解放戦線、以下フレリモと表記）が、逆にそれを利用する立場に立ったことになる。現に、フレリモの政権は、カボラバッサ計画を進めることを言明している。政治的立場としては、南ア、ジンバブエ（ローデシア）の解放戦線を助けることを基本姿勢として公言していても、経済関係においては、モザンビクの新しい独立政権は難しい立場にある。南ア、ローデシアとの経済関係を断ちきれば、経済的に一挙にひどい難局に直面しなければならなくなる。よくあるやつで、そうなると庶民は、独立前の方が生活が楽だったと植民地支配の過去を恋いしがるようになり、それが結局、政治的独立は保ちつつも、経済的社会的には再度白人支配をひきいれる原因となってしまうのである。そのあたりの難しさをフレリモがどうやって克服していくか、アフリカ諸国のすべてが直面し、今もって克服しきれずにいる最も難しい問題に、これから独立したモザンビクも直面していくことになる。もしもこれが、最後まで戦いきって、白人植民者を一人も残らず追い出し、自力で独立をかちとったのであったら、解放地域の社会的経済的再組織化は、白人植民者のつくった構造をひきつがない形で、すでにその間に、戦いながらなされていったであろう。この点がヴェトナムやカンボジャの解放と結果において異なったところである。同じポルトガル植民地でも、ギネア・ビサウの場合、ほとんど実力で全土の大部分を解放していたので、今後の結果が異なってくるだろうが、モザンビクでは、まだまだ、解放区は三分の一ほどにも及んでいなかった。ところがポルトガル自体が変ったため、急激に独立が早められた。だが、ポルトガル自体が変る過程にあるとはいえ、ポルトガルのモザンビクにおける経済支配構造が変る過程にあったわけではない。「平和裡」

に独立する、ということは、その支配構造もとりあえずは引き継ぐことにほかならない。人民解放戦線が人民を支配する構造を手に入れた時が、一番危険な瞬間である。

それはともあれ、過去のアフリカ諸国の例からいって、モザンビクの新政権は、カボラバッサのダムを白色資本の手によって完成させた上で、国有化する方針をとるだろう、と想像できる。先進資本主義諸国で無事に食っている無責任なフレーフレー「左翼」は、カボラバッサのダムが破壊されることを期待した。だが当の闘争をになっている解放戦線は、戦闘の間はこれを国際的な世論を喚起するための標的として「攻撃」し、また現に、これが早期に完成されれば敵の力を増大させることになるから、完成を遅らすためにあらゆる努力をし、攻撃をしたであろうけれども、所詮いつかは勝つとわかっている闘争、そして勝てば大きな自分の財産になってころがりこんでくると知っているものを、破壊する馬鹿はいない。ここにたとえば、三里塚とカボラバッサの問題点の相違がある。三里塚は、本質的に言って、そもそも飛行場なるものは我々にはもはや必要がない、という闘争であった。三里塚固有の問題も多くあったにせよ、本質的にそういう闘争であったから、一局地の闘争が日本全体の闘争たりえたのである。それは、飛行場がどんどんふやされる、ということに象徴的にあらわれているしゃにむに近代化に突進する政治と社会全体の方向に否をつきつけ、転換をせまったのである。カボラバッサではそうではない。モザンビク中で、電気が行きわたっているところなど、数えるほどもない。今私のいるザイールのキンシャサは、黒人アフリカのうちでも屈指の近代化された大都市であるが、ここでさえ、人口の半数以上は、電気のひけていない家に住んでいる。一方では電気冷蔵庫に冷凍庫、テレビにクーラー、洗濯機を二つ三つ並べて、炊事も大きな電気かまどでやっている、というような少数の金持が並んで住んではいるけれども。――まして、アフリカのうちでも比較的経済水準が低いと言われるモザンビクで、もうこれ以上電力消費量をふやす必要はない、などというところに達するにはまだほど遠い。カボラバッサの一つぐらいではとても足りない日がすぐ来てしまうに違いないのだ。一方では、近代化を制御し、克服すべき闘争をやっていたので、他方では、これから全国民的規模での近代化にとりかかるための闘争をやっていたのである。そして、その点に後者のはらむ問題もある。

つまり、我々が近代化を果すのにずい分と犠牲をはらってきた――という言い方では正しくない――我々が近代化を果すのに、社会的に力の弱い階級の者達の厖大な数の人命が奪われ、健康が奪われ、生活が奪われてきて、かつその行きついた先が今のようにゆがんだ社会であるとすると、アフリカ諸国が同じ道を歩んで同じ失敗をくり返すことはあるまいに、と思われる。だからといって、誰にも、モザンビク人に、あんた達に電気はいらねえよ、などと言う権利はない。果して彼らに前車の轍を踏まずに新しい型の近代化を実現することが可能なのであろうか。可能であってほしいと思う。それはまた、今まで紆余曲折を経て来た我々が、見出しかねている道なのだから。だが希望は別として、彼らのたどる近代化は極度にむつかしい問題をかかえている。我々の場合よりもよほど難しい、と言ってよい。

彼らはこれから近代化にむかって、無から出発しようとしているのではない。すでに植民地時代に相当程度のことがなされている。我々が近代化のはてに今のようにゆがんだ社会に行きついた、と書いたけれども、その我々の知っている近代化のゆがみは、我々の場合よりもよほど大規模な形ですでにアフリカ諸国に存在している。

「職業病」、公害、などの実態はおよそ明らかになっていない。ほかにもっと大変なことがいくらもあるので、それどころではない、といった感じなのだ。低所得層の貧困、そこから生じるさまざまの病気と社会問題。他方、近代化の要請は強い。かけ足どころか、超スピードの近代化に邁進する。むろん社会全体の調和をはかりつつ邁進することは不可能だから、部分的な邁進が全体のひずみを大きくし、停滞する部分に寄せられるしわはひどくなる。それでもしゃにむに近代化に進まざるをえない。その結果、しわよせの部分には今のところかまっている暇がない。

医療だけとっても大変である。今まで見て来た世界の数多くの国々で、私はここほど薬が大量に消費される国を見たことはない。薬の消費量がやたらと多いのは、後進性の表現である。それだけ病気が多いから、とも言えるが、むしろ薬、すなわち「先進的近代」に対する盲信が強すぎるのである。特に最近の巨大製薬資本のつくり出す薬品は強度のものが多い。副作用も強い。それなのに、医師の処方箋なしでは絶対に使ってはならない薬などが、ここではどんどん出まわる。薬はみな欧米からの輸入である。その医師にしたところで、何でも薬を大量にぶちこめばいい、という感じなのだが、それよりも、医師の資格のない看護夫にまかされている町の診療所などで、たとえば、ちょっとした風邪の患者などにも、どんどんとストレプトマイシンをぶちこんでいく。貧困で、ろくなものを食っていない家庭などで、薬の空びんはごろごろあったりする。末おそろしい、としかいえぬ。さすがに、マラリヤ蚊駆除のためにDDTを空から町中にふりかけるのはやめたらしいけれども。

自動車。すでにキンシャサの自動車の氾濫ぶりは、東京なみである。氾濫の量は東京ほどひどくないが、氾濫の及ぼす結果のおそろしさは、東京以上である。めちゃくちゃな交通事故。国立大学のキンシャサ校にほんの一年たらずいたが、その間に教員もしくはその家族の交通事故死亡は四人。一パーセントに近い。交通事故にあう率でなく、死ぬ率である。ここで五年教師をやれば、生きて帰れる確率は九五％。それほど自動車があふれているのに、大衆は乗物に乗れずに苦労する。ちょっとバスに乗るにも、三十分から一時間以上も待って、すさまじい混み方のバスに押しこまれる。

あげればきりがない。つまり、十分な基盤のないところに、超スピードの近代化が導入されるから、その近代化そのものが大きな災害をもたらすし、他方、その近代化の恩恵にあずかれない大部分は、超スピードの近代化が自分の傍を常にぶっとんで走っているだけに、いつふりとばされてひどい目にあうかわからない。それにもかかわらず、もはや、近代化がもたらした甘い果実を禁断の木の実にするわけにはいかない。

カボラバッサにもどろう。ダムをつくるのに巨大な外国資金、それも南アフリカを中心としたところからの資金を導入した。そのダムの所有権を植民地政府からゆずり受けても、これらの導入した資金によって我身が束縛される。他方、それでも、これだけの電力をおのれの手に入れれば、その大部分は資金の提供者の方に流れるにせよ、電気などとはおよそ無縁のところで暮している大多数の大衆に対して、すでに圧倒的な支配の力になる。近代化が支配権力と民衆との間につくりだしていく階級の溝は、アフリカにおいては、他の場合よりもよほど大きい。そのすべてにもかかわらず、電気がいらないとはいえない。これが泣きどころなのである。

銅の話から長々と電力の話にうつってしまった。ザイールの銅にしても同じことである。こちらはある意味でもっと深刻である。銅がほとんど唯一の外貨獲得源なのだから。ほかにこれまた世界有数の産出量をほこるダイヤモンド（工業用）とコバルトがあるにせよ。もっともたとえばそのダイヤモンドにしたところで、買いつけはイギリスのダイヤモンド買いつけ会社が独占的になし、世界市場への販売もこの会社がやっている。年々の生産量、買いつけ価格など、すべて、このイギリスの会社が勝手にきめているのである。ザイールにも多少の収入をもたらすにしたところで、これで圧倒的にもうけているのはイギリス資本である。しかも昔と違って、直接に植民地支配はしなくてすむ。あくまでもザイールの国有財産であり、国有企業であるダイヤモンド掘りの会社と「取り引き」をしているにすぎぬ。むろん、ここでザイールが、自分で生産量をふやし、自分で直接に、たとえば中国に売ります、などとやったら、たちまちにして、世界のダイヤモンド市場を押さえているアングロサクソン資本が価格操作をやったり、ザイールのダイヤモンドを買わないことにしたり、技術援助をひきあげたりして、袋だたきにあうにきまっている。中国どころか、日本の企業がちょっと割りこもうとしても似たようなことになるだろう。

しかしダイヤモンド、コバルトなどがあるにせよ、やはりほとんど銅が外貨収入の源である。食糧、医療品、交通機関に必要なものから、建築資材にいたるまで、その他圧倒的に多くのものを輸入に頼らざるをえない時に、銅の生産はこの国の要である。それが植民地時代からの因縁でベルギーに独占的ににぎられていた。独立しても経済の要はベルギーに押さえられていたのである。やっと国有化にまでこぎつけてきても、事実上、技術的にも、資金の点からも、自前だけでやっていく力はない。今までのところ、外国の資本金と技術援助で掘るのがやっとで、精錬工場がやっと一つ、これまた外国の資本金と技術援助で作業を開始する。やがてそれを徐々に自前でやっていくところまでこぎつけるためには、とりあえず現在の状態を我慢して、少しずつやっていく以外にない。その場合、ダイヤモンドの例で知られるように、一外国の資本にだけ押さえられていれば、相手のなすがままである。せめて、諸外国を競合させて、それをあやつりながら、少しでもおのれの得をはかろう、ということになるのは当然である。何もベルギーだけにやらしとくことはない。アメリカ資本も入れろ。だが、ベルギーとアメリカは一つ穴のむじなだった。それでは多少でも日本資本も入れろ。これも所詮は一つ穴のむじなだが、ベルギーだけに支配されているよりはましだろう。

というところで、日本資本がアフリカに存在している、というだけで「悪」ときめつけ、悪口を言っていられる日本「左翼」は気楽なものである。それが「悪」なら、じゃあ、ここの銅の問題にどうけりをつけてくれる。

理想を言えば、一定期間、一種の経済的鎖国（文化的にもやらないとだめだが）をつくりあげて、すべて自前でやっていき、対等に競争できるところまできた時に、だんだんと諸外国に門戸を開いていけばいいのだ。だが今のところ、とてもそれをやりぬく力はない。圧倒的多数の餓死者を出す覚悟がない限り、それはできぬ。その前に欧米資本にあやつられたクーデターがおこって、また、もとのもくあみにもどる。けれども、大きな方向としては、完全鎖国とはいかないまでも、徐々にそちらに近づきながら、自前でやっていく力をつけていく以外にない。そして現に、意欲としては、アフリカ諸国はその方向を目ざしている、もしくは目ざそうとしている、と言ってよい。しかし実際問題としては、社会構造の底までがっちりと押さえこんだ帝国主義諸力は、おいそれと動くものではない。まわりに強い奴がいればいるほど、近代化は、社会構造における階級差を増幅する。近代化のうまみは強い奴が持っていき、近代化の傷痕ばかりがここではふえる。かといって、電気がいらぬ、というわけにはいかぬ。塩も買わねばならぬ。学校も病院もいる。交通機関もまだまだ序の口である。ここに、どうにもならない矛盾がある。

諸外国の力をなるべく相互に競合させつつ利用し、その間をぬって、だんだんと自力更生へと近づいていくか、逆に、諸外国の力をあやつろうとすればするほど、ますます食いものにされ、荒らされるか、という苦しい綱わたりなのである。残念ながら、今のところ、後者の傾向の方がますます強くなっている。何しろ、先進資本主義諸国の「国際協力」はますます強化されていっているのだから。この場合、国民全体が自力更生への意欲をどこまで持ちうるかが、一つの鍵になる。それに支えられない限り、政府がいくらかけ声をかけても、権力者の押しつけにしかならず、それでは逆効果にさえなりかねない。

三

ここでやっと本題のイデオロギーの問題にはいる。日本をも加えた欧米帝国主義にとって（幸い、エコノミック・アニマルたる日本は、イデオロギー操作の陣営にはほとんどまったく加わっていないが）、手ばなしの近代化礼讃と、「国際協力」の必要性をアフリカ中に説くことが、そしてまた、アフリカをあまり知らない欧米本国の白人共に対しても同じことを信じこませておくことが、何としても必要なのである。そして実際、近代化が一面において現に必要とされており、そのためには「国際協力」が不可欠である以上、このイデオロギー操作は比較的容易である。自力更生を目ざしつつ近代化を過程として踏んでいく、という問題意識は定着しにくい。

以上の背景において見る時にはじめて、ウィリヤムの虐殺に対して先進資本主義国の知識人の間であがった抗議の声の質をとらえることができる。ここまで述べてきたことは、いわば常識であって、何も私如きが喋々するまでもないことだろう。だが、我々にとって必要なことは、ウィリヤム虐殺に対する人道上まったく正しいと思われる抗議活動、といった種類の事柄——これはほんの一例としてとりあげているので、この種の問題はほとんど毎日の新聞をにぎわしている——を、こういう背景を常に見ながら、イデオロギー批判していくことである。

事件そのものは今ではよく知られている。旧聞に属するから、思い出していただくために、かいつまんで記しておくと、一九七二年十二月十六日にモザンビクのテテ地方のウィリヤムという村の住民がほとんど全員ポルトガル軍によって殺された、という事件である。名前がわかっているだけで百三十名、それも半数は子供（五才以下がかなり多く、それに加えて十五才ぐらいまで）、さらに大人でも女と老人が大部分である。村の中に一個所に集められ、次から次へと殺された、という。たとえば、子供を背負った女が中に立つように言われ、立つと銃で撃たれて殺される。子供が母親の死骸のそばで泣き叫ぶ。兵隊が住民にむかって、子供を黙らせろ、という。住民が動かずにいると、その兵隊は自分で出て来て、子供の頭を足で踏みつぶして殺す。それを見て拍手喝采した他の兵隊達が一緒になって、ほかの子供達をボールにして「フットボール」をはじめた……。さらに残った多くの者達は小屋に押しこまれ手榴弾を投げこまれ、火をつけて殺された、等々。この事件と共に、これと相前後しておこった同種の虐殺事件もいくつかあかるみに出された。

事件そのものは、フレリモ（モザンビク解放戦線）がタンザニアに接する北部の州を制圧したあと、ザンビアに接するテテ州でも大きな軍事行動を展開しはじめた時におこったことである。テテには前述のカボラバッサのダムがつくられつつあった。従ってここは戦略的にも重要な地方であり、フレリモの攻撃に対するポルトガル側の報復処置の一つがこういう形になって現れたものである。

ヴェトナムでの「ソンミ」事件に似ている。だが、事件そのものよりも、その報道、そして報道の利用のされ方がさらに似ている。

ただちに疑問になるのは、どうしてこの事件に限り、このように大々的に世界に知られるようになったのか、ということである（もっともアフリカにあまり興味を示さない日本の新聞がどの程度この事件について書いたのか、私は日本にいなかったので知らない）。確かにこれは常軌を逸した血なまぐさい事件である。そして、このような虐殺をほしいままにした植民地支配を何としてでもやめさせなければならぬ。その意味で、この事件が起こってしまった以上は、世界に広く報道し、世界の世論を喚起すべきだ、というのは当然かもしれぬ。だが、ことはそれほど単純ではない。第一に、実は話の順は逆なのである。この事件の報道が世界の世論を喚起して植民地支配をやめさせるように働く、というのではなく、植民地支配がモザンビク人の抵抗によってもう終らざるをえない、ということが明白になった時点ではじめて、この種の報道が世界に広まったのである。因果関係が逆なのだ。

そのことは、第二の点を考察することによってさらに明らかになる。これほど大がかりな虐殺は、そうしばしばないにせよ、同種の虐殺、暴行は長年の植民地支配において常に生じている。つい先日も、当地の週刊誌で、ローデシアでどのようにして不当逮捕が相つぎ、そのまま殺されたり、半死半傷でやっと釈放されたり、ということを具体例をあげて告発した記事を読んだ。モザンビクならば、フレリモの闘争が公然とはじめられてからすでに十年以上、植民地支配の歴史はもっとずっと長い。その中で、同種の虐殺が闇から闇に葬られたことはいくらもあっただろう。だから、もしも「ウィリヤム」の報道が植民地支配をやめさせるために世界の世論を喚起する、ということでなされたのだとすれば、世界の新聞はモザンビクの記事だけでも少くともこの十数年間毎日うめつくされねばならなかったはずなのだ。むろん理屈はすぐつく。ポルトガル側の報道管制が厳しくて、ポルトガルの不利になるようなニュースはちょっとやそっとでは外に持ち出せなかったからである。この事件にしたところで、ポルトガル側は、ウィリヤムという村など存在しない、また事件の直接の証人などいないではないか、と言いつづけて抹殺しようとした。後に世界各国の新聞記者が訪れてもその村を発見できなかったというのだから、事件そのものが存在しなかったことにするために、村のあとや直接の証人を消してしまったのだろう。あるいはそれよりも前に、一九七一年の春に同じテテ州のムクンブラ近辺でなされた虐殺の報道については、そのニュースを外国に流したスペイン人神父が二人、匿名で発表したのに名前を知られてしまって、逮捕をおそれてローデシアに逃亡したのだが、ローデシアとモザンビクの植民地支配者は一つ穴のむじなだから、そこで逮捕され、モザンビクに送られ、昨年の春現在まで拘禁されたままで裁判を待っていた。ポルトガル政変の結果その後釈放されたのかどうかは知らぬ。このように厳しい報道管制をしいているから、ちょっとやそっとでは話は外に出なかった……。

だがそれならば、もう一度、何故ウィリヤムの件に限って世界に広まったか、と問う必要があろう。実際、スペインのカトリック宣教団であるブルゴス司祭団の神父が外に流した右のムクンブラ虐殺も西欧の新聞には一応のったが、決して、「世界の世論」を喚起する、というところまではいっていない。この事件は、ポルトガル政府の手先のモザンビク人が一人フレリモによって殺されたことからはじまって、その報復として、その事件のおこった村で一九七一年五月四日に一人、七日に十四人、同じ日にさらに他の村で七人、八日に四人、ポルトガル兵が村人を殺した、という事件である。こうあげていけば、右に述べたように、このようなことはほとんど日常茶飯事だったということがわかる。

この件は半年たってドイツの新聞に、さらに半年たってスペインの新聞に出たが、決して世界の世論を刺戟するところまでは行っていない。イギリスの『タイムズ』がこれをのせたのは、二年以上もたった七三年七月十三日、ウィリヤムのニュースがひろまったあとで、それにのって、他の類似の事件も過去から探しだしてきて報道したのである。つまり、もはや植民地の命運がつきる、というよりも、フレリモがそこまで実力でかちとる、ということが知っている者には明らかになった段階ではじめてこういうことは世界世論を刺戟するにいたる。何故か。それを問うことが重要である。

第三に、実際に独立闘争に参加した者、もしくは参加したとみなされた者は、戦場で、もしくは個別の弾圧で、もっとよほど多く殺されている。さらに、参加しようとしまいと、空からの爆撃で殺され、もしくは枯葉作戦等々で生活を奪われた者は数限りあるまい。そして、それらのより一層大規模な虐殺は、右のような人道主義的な世論喚起の立場からは、人道上許し難いこととして報道されることはない。独立闘争に参加しない者が殺されるのがけしからぬ大罪ならば、独立闘争に参加した者を殺すのはもっとけしからん大罪のはずだ。フレリモの指導者モンドラーネ暗殺の時に、世界世論がどこまで騒いだか。西ドイツに直接関係のないウィリヤムの時には、西ドイツの良心的進歩派はかなり大騒ぎしている。しかし、モンドラーネ暗殺の手紙爆弾は西ドイツから送られたものである。それをおのれの国の中から告発していくことの方が、よほど大切であったはずだ。モンドラーネは非常にはっきりと社会主義へとむかっていた。アフリカの独立闘争の指導者の中で、彼ほどはっきりと、社会主義的実践を心がけていた者はほかにあまりいない。他は、社会主義といっても、要するにソ連寄り、ということでしかなく、おのれの政治的社会的実践としては、権力をにぎりつづけることばかりを考えているような者が多い中に、モンドラーネは、おのれの国の社会構造そのものの変革を常に実践しようとしていた。彼にとって独立とは、社会革命のはじまりにほかならなかった。だから、フレリモの手によって独立が達成されることが明白になった時点で、モンドラーネが暗殺された。ギネア・ビサウのカブラルが殺されたのも同じ理由である。モンドラーネを殺し、フレリモ内部の「穏健派」に権力をにぎらせて、モザンビクの独立をはかれば、独立モザンビクは欧米帝国主義の監督下を脱することはあるまい、という思惑だったのである。

こういう有名な人物の場合にせよ、名も知られていない数多くの独立運動の戦士にせよ、その実質上もしくは心情上のシンパにせよ、あまりに多くの人々が殺されているのに、それは国際世論を刺戟しない。それに対して、右のムクンブラ事件の報道も、特にウィリヤムの報道は、独立闘争に参加していてもいない者を殺すのは人道上許せない、とさかんに強調する。その論理は、独立闘争に参加した者なら殺してもいい、という理屈に通じてしまう。十数年間、フレリモは世界世論に知られぬところで大量の犠牲者を出しながら戦ってきた。それについてはおよそ世界世論を喚起しようとしなかった者達が、彼らが独立をかちとる前夜に、ウィリヤムの虐殺は大々的に報道した。そこに問題がある。

以上三点にわたるからくりをついていくとどうなるか。

まず、この報道には三段階もしくは四段階ある。第一段階は、ブルゴス司祭団が現地にいて、見るに見かねて批判の声をあげた。しかしこれは、ムクンブラの件からもわかるように、ずっと以前からの話である。そして、この件も彼らはいち早く、十二月十九日には報告を書いて流している。だから、彼らの誠実な努力と抵抗の声にもかかわらず、これは世界世論にならなかった。第二段階は、これをたまたま東アフリカで長年宣教師をやっていたイギリス人のW・ヘイスティングズ神父が耳にした。そして、七三年七月十日にイギリスでタイムズ紙に発表した。半年以上の開きがある。これが世界的に有名になったものである。この神父についてはまたあとでもどってくる。この第一段階と第二段階の差がまず私の心を暗くする。スペイン人の神父が危険を犯して努力しても、世界の世論は動かない。イギリス人の神父がそれを聞きつけてひょいと新聞社に持っていけば世界世論になる。スペイン語もしくは世界を支配していない他の諸言語（スペイン語はアフリカの旧植民地、南アメリカ諸国などの関係でかなりひろまっているにもかかわらず）と、世界を支配している英語の差である。言いかえれば、世界世論を操作する力はアメリカ人とイギリス人がにぎっている、ということである。ヘイスティングズもこのことを知っている。だからこそ英語圏の大新聞を使って世界世論に働きかける義務が自分にあると思った、というのである。それで彼は正しいことをしたつもりになっている。だが、アングロアメリカンがそれだけの世界支配力を手にしている、ということについての罪意識はいささかもない。英語は決して国際言語などというものではないのだ。いや、国際言語には違いないが、現世界において国際言語とは、もっとも強大な帝国主義の言語だ、ということでしかない。そして、彼が英語の世界支配を嬉々として利用してこの事件を世界世論に押し上げた時に、まさに、アングロアメリカンを中心とする世界支配のイデオロギーの中にことを押しこめてしまったことに気がつかない。

第三段階はこれを発表した新聞社である。これは、世界の大新聞一般の特性に関する問題だから、ここでふれる必要はあるまい。商業新聞が大々的に「事件」の報道を流す時に、そこにどういう情報操作とイデオロギー的偏向が働くか、というのは、日本の新聞に限らず、世界中同じである。そしてそれはよく知られていることである。よく知られているにもかかわらず、相変らず「世論」がそれに操作されっぱなしでいる、というところが問題なのだが。第四段階は、第三段階と関連しつつ、涙を流して世界世論をつくっていった白人人道主義者である。そして、第一段階、おそらくは第二段階にも何ほどかはあった誠実な意図は、この第四段階にからめとられることによって、逆作用を起す。

ここからはじめよう。一方ではむろん、西欧の保守的な層は、これを笑ってすまそうとしたり、もみ消そうとしたりした。ポルトガルだけではない。イギリスでは、『タイムズ』にのったヘイスティングズの記事の信憑性を疑わしいとする声が多くあがったようである。ヘイスティングズは何でもない時に『タイムズ』に記事を出したのではなく、クーデターで追落される前のポルトガル大統領カエタノの訪英の直前に、それに対する抗議活動としてこれをやったのだから、まあ、保守的な層からはそれをけしからぬとする声があがるのは当然だろう。カエタノ訪英反対運動をするきっかけをつかむために虚偽の報道をした、というのである。体制側に都合の悪いことはみな嘘にしてしまうこの種の宣伝はどこにでもある。ドイツではもっと愚劣な細工があらわれた。財界の代弁新聞『ヴェルト』は、これは、黒人の兵隊が白人の上官の言うことを理解できずにやったものだ、と直ちにでま宣伝を出した（独語版『ウィリヤム』、三一頁による）。白人は常に人道的だが、黒人は野蛮だからそういうことをしでかすのであり、モザンビクの虐殺はモザンビク人自身の野蛮さに原因がある、というのである。週刊紙の『ライン・メルクール』は、チェコとソ連の秘密警察がこの事件をでっちあげて世界に流したのだ、と書いたものだ（同四八頁）。何がおこっても有色人種は駄目だからだ、何がおこってもソ連のせいだ、とやらかす西欧知識人の数は減らない。

　だがこれらは茶番の時代遅れで、問題はむしろ、ヘイスティングズの報道行為に拍手喝采を送った多数の「進歩的」白人にある。

　ややおっちょこちょいの先走りの例からあげよう。日本の『朝日ジャーナル』と似てすぐ良心派知識人ぶる西独週刊紙『シュピーゲル』は、右にあげた『ヴェルト』と逆に、これは白人の軍隊がやったことだ、と報道した（同三一頁）。「ポルトガル軍」がやった、というのをあわてて解釈すれば、そうなる。だが実際には、モザンビク人の兵隊が同胞を虐殺しているのである。これは、ヘイスティングズの記事が真実であるかどうかを確かめるために、同じくイギリスの『サンデイ・タイムズ』がモザンビクに記者を派遣して調査した時に、生き残りの子供が証言している。

　「ポルトガル軍が村にやって来ました。みんなアフリカ人の兵隊でした。ほかに一人か二人の白人の将校がいました」（同二八頁）。

　この短い証言は我々の心を暗くせざるをえない複雑な問題をはらんでいる。「客観的」な視点からすれば、『ヴェルト』の方が『シュピーゲル』より事実に近いのである。むろん、「白人の上官の言うことを理解できずに」とつけ加えることで、『ヴェルト』は「客観的」な事実の意味を百八十度ねじまげている。白人将校が「子供をフットボールにして殺す」というところまで指示しなかったにせよ、あるいはもしかすると、女と子供ばかりのこの集団をここまで殺してしまう、という意図は指揮官にはなかったかもしれないとしても、いずれにせよ、フレリモとの接触の嫌疑をかけて、この村に対する掃蕩作戦を指揮したのは白人将校なのである。

しかし『シュピーゲル』の報道の仕方は、問題の根がどういう悲劇的な痛みにまで達しているかに気がつかない良心派の観念論なのだ。一口で言えば、しいたげられた者、抑圧された者、搾取された者、植民地支配のもとにあえぐ者の側に常に正義はあり、抑圧をもたらす者、植民地を支配する者の側に悪がある。それは明瞭である。だが悲しいことに、現場の個々の行為においては、前者が常によいことだけをしているのであり、後者が常に悪いことだけをしている、というわけではない。抑圧され、搾取される者の解放にこそ正義がある、ということを、抑圧され、搾取される者のすることは一事が万事何でも神々しい善人の行為である、という風にとり違えるわけにはいかない。この種のとり違えは、真の解放のためには何の役にもたたない。被抑圧者を英雄にまつりあげ、善の権化とみなして崇拝すればすむ、と思っている良心派知識人は、おのれは手を汚さずにすむきれいな場所に身をひそめて、おのれの良心を満足させるためにごたくを並べているにすぎない。——何か事件がおこった、そら、悪いのは白人だ、黒人は被害者だ、と割切ってすませられるほど世の中は簡単ではない。

植民地支配の悲劇は、当のアフリカ人がおのれの同胞に対して、白人がアフリカ人に対するよりももっとむごたらしい虐殺を行なうようにしむけてしまう、というところにある。しいたげられた者は、しいたげ方の残忍さを学んでしまう。自分よりも更に弱い者に対して直ちにその残忍さを転化する。植民地支配者、抑圧者は、抑圧と搾取の社会構造の大枠の維持につとめればすむ。一人一人を現場で具体的になぐりつけることは、自分でやる必要はない。被支配者の中からその役割にあたる者を選び出し、同胞に対して残虐行為をふるうようしむければよい。かくして、植民地支配者は冷房のきいた部屋に座って、こぎれいに人間性のやさしさを個人の水準では保ちつづけることができる。抑圧の現場の作業員は残虐さをおのれの人間性に深くきざみこむ。抑圧の悲劇は抑圧の行為そのものに終るのではない。抑圧する者は、抑圧しているくせに、抑圧の残忍さを身につけることなく、清く美しく生きられるのに、抑圧されている者の方が、かえって、抑圧者の持つべき残忍さの性格までも、おのれの性格として背負いこんでしまうところにある。そして、おのれがもはや抑圧される位置にいなくなっても、身にしみついた抑圧者の残忍さは、持続する性格となって残る。抑圧から政治的に「解放」されても、その体質が残りつづけ、今度は同胞どうしで、より強い者がより弱い者を抑圧するようになる。外側からの抑圧の構造が、内側の構造に転化される。

これは基本的には社会構造の問題であって、人間の性格の問題ではない。すでに述べたように、社会構造を温存した政治的「解放」が、このようにして、抑圧の構造を内的に転化して保存するように働いてしまうのである。けれども、それがどの程度強く保存されるか、どの程度長く保存されるか、ということは、その構造を担う人間の行動にかかっている。抑圧者から転化されておのれの人間性にしみついた抑圧する性格が、無自覚に保存されればされるだけ、その持続は強く、長い。そして、その性格は、もはや直接の植民地支配を経験していない世代、「独立」後の二世代目、三世代目にまで受け継がれていく。いやむしろ、その性格に自覚的に抗うことがなされなければ、二代目、三代目の方が悪くなる。一代目は自分自身がしいたげられた痛みを知っているが、二代目、三代目は他を抑圧する「快感」しか知らぬ。

むろんアフリカ人の中には、植民地支配が人間性の中にきざみつけたこのような痕跡にもかかわらず、立派な人は大勢いる。個人的にも民族的にもああいう苦しい過去を経てきたのに、この人はどうしてこのようにひたすら親切で善良なのだろう、と驚きを禁じえない人も大勢いる。そして、そういう人達の存在を知っている人道主義的な評論家達は、私が右のようなことを書けば、お前のはアフリカ人に対する差別意識だ、と言って文句を言うだろう。だが、そうやってアフリカ人をもちあげ、あなた達は今のままで誰よりも立派なのだ、とほめあげることは、現状維持のために奉仕することにしかならないのである。すでに今のままで誰よりも立派であるならば、おのれの社会の内側に転化してしまった抑圧の構造に抗うこともない。しかし残念ながら、右のように立派な人達は、全体から見ればごく少数の例外にすぎない。例外をほめあげることによって、社会全体の苦悩を固定するわけにはいかぬ。——もっとも当のアフリカ人自身は、自分がどう苦労しているかを知っているから、こういうお世辞で鼻の下を長くすることはない。こういうお世辞で満足していられるのは、外から眺めているだけの人道主義的評論家である。けれども、そのアフリカ人達にとって、抑圧の構造が内側に転化されてしまってみると、以前よりもちっともよくなったように思えない。過ぎ去った過去の苦労は忘れ易いが、今の苦労に比べて、過去のよかったことのみ思い出される。こうして、白人が支配していてくれる方がよかったのではないか、などと郷愁をいだく者が大勢出て来る。ここにも、植民地支配の残した傷痕の深さを見ないわけにはいかない。

一九六〇年代のはじめに独立したアフリカ諸国の大部分は、独立が決して社会革命のはじまりではなかったから、植民地支配の枠組をそのまま受けついだ。白人がおのれの手先として使うために徴用したアフリカ人の兵隊、僅かの金でつられ、制裁の恐怖におどかされつつ、同胞である他のアフリカ人に対して植民地支配の暴力を貫徹するようにしつけられた兵隊が、今度は独立アフリカ諸国の国軍として残る。今まで同胞を弾圧するために存在しており、そうするようにおのれの人間性に残虐さをしみこまされた者が、それでは今日からは国民を守る軍隊となりました、といっても、おいそれと変化するものではない。警察力も、行政にいる官吏も、同様である。数多くのアフリカ独立国では、たとえばウィリヤムの虐殺に従事した兵隊達と同じような位置にいた者が、その後も、兵隊や警察官として、国民に対して力をふるう位置にいるのである。

だからこの場合、アフリカ人は残虐だからそういうことをするのだ、などという人種差別意識をむきだしにした評価も、逆に、そういう残虐なことをアフリカ人がするはずはないので、白人がやったに違いない、という第三世界シンパの思いこみも、問題の根にふれていない。

そしてやりきれないことは、責任は誰にあるにせよ、この状態から脱却することができるとすれば、当のアフリカ人が自分で大きな努力をする以外にない、という点にある。これは植民地支配の残した痕跡なのだ、だから、かつて植民地支配を持ちこんだてめえら白人共が何とか弁償しろよ、とねじこんでみても、おのれの内側に転化したかつての植民地支配の痕跡は、おのれ自身が格闘して矯正する以外に道がないのである。そうなってしまった責任は白人共にあるとしても、その責任者達はことを償いうる位置にはいない。ここに、歴史の不公平さがある。世界史的に大きな規模での犯罪行為は、犯罪者が歴史によって罰せられることはありえても（それさえなかなかありえないのだが）、被害者の痛みを犯罪者が代ってになうことは不可能なのである。万が一、かつて植民地支配をした者達がその責任を全部認めて、償う気になったところで——ということはまず残念ながらありえないのだが——アフリカ人は人形のように座っていれば、彼らが全部をうまくやってくれて、いい状態をつくってくれる、というわけにはいかない。アフリカ人の社会はアフリカ人の社会なのであって、アフリカ人自身のあり方がおのれの社会をつくる。それ以外にはありえない。現在の、経済援助という名でなされている大国の金貸し行為や資本投下は言わずもがな、無償の経済援助でさえも、決して、アフリカ人の社会を内側から浄化し、革命していくのに役立つどころか、逆にますます現状を固定させる力となっている。富めるアフリカ人は、かつて「悪かった」白人が「悔改めて」注ぎこんでくれる金を、ぬれ手にあわでつかみ、ますます働かずにぜいたくをすることばかり覚えていく。借金のつけは、ますます貧乏になっていく同胞の肩にかかる。そのようにしてついていく力の差は、ますます内部に転化した抑圧と搾取の構造を強めていく。だから、旧植民地支配者が悪いのだ、といくら言っても、そしてそれが世界中みなの納得するところになったとしても、おのれ自身の社会は、おのれ自身が苦労して築く以外にない。

比喩的に言えば、他人に傷つけられたとして、いかにその相手がおのれの咎を認めて治療費を払ってくれたとしても、肉体が痛むのは自分自身である。そして、その肉体の痛みに耐え、自分の体力が病に打ち克つことによってしか、傷が癒されることはない。相手に咎を認めさせることは必要である。二度と相手が同じことをくり返さないために。相手に治療費を負わせ、場合によっては適当な制裁を加えることも必要である。それこそ場合によっては、相手にも傷を負わせ、傷というものがいかに痛いものか、身をもって知らせる必要もあろう。だが、相手がどうなっても、自分自身の肉体の痛みを代ってくれる人はいない。その痛みを耐えることによってしか傷はなおらぬ。

ここに歴史の不条理がある。歴史は不当に傷つけられた者に対して冷酷であり、不公平である。だがその不当さを歎き、悲憤慷慨する正義感が歴史をつくるのではない。歴史のその冷酷さを知って、ならば、おれ達の歴史はおれ達自身がつくる、と立ち上る者のみが、おのれの歴史を獲得する。

だが、アフリカの矛盾は、おのれの社会をおのれ自身でつくる、という実力を身につけるためには、まだまだ外国人の経済的援助、そして特に技術的知的援助を必要とする、という点にある。本当に必要かどうかは難しい問題だが、少くとも、大多数のアフリカ人は必要だと思っている。そのつくるべき社会が近代の「発達した」社会として設定されている限り、確かに援助は必要である。けれどもそうなると、話は堂々めぐりしてしまう。

四

話をもとにもどそう。ウィリヤムの報道の第二段階は、現地で直接苦労して事件を告発していったスペイン人神父ではなく、それを世界的な情報網にのせようと走りまわったイギリス人神父である。そして、この両者の間にはすでに基本的な差がある。しかし後述するように、このイギリス人神父の誠実で、かつ精力的な情宣活動と、それにのって旗をふった西欧「先進国」の平和主義者との間にはさらにまた雲泥の差がある。当のモザンビクで仕事をしたことはなかったとしても、神父ヘイスティングズはその半生を東アフリカ、中央アフリカで宣教師としてすごしてきて、アフリカの実情をよく身をもって体験している。

とりあえず良い悪いを別として、アフリカを最もよく知っている外国人は宣教師である、ということは認識しておく必要がある。ヘイスティングズは、その著『ウィリヤム』の書きだしのところで、「カトリックの司祭だけが、今日モザンビク内陸部において、生起しつつあることについて独立の証言を提供しうる唯一の者達である」と述べている。「独立の」というのがみそであって、つまり、西欧「民主主義」のイデオロギーである「客観的」な証言を、つまり、ポルトガル側でもなければ、解放戦線側でもない証言をなしうるのは、カトリックの司祭だけである、というのである。これは、その意味でむろん間違っている。その種の算術的に「中立」な客観性ではなく、実際にことの真相をついた証言をモザンビク内陸部に関してその当時なしえていたのは、解放戦線だけである。モザンビク解放戦線が、おのれの政治的軍事的利害にかかわることだけでなく、村の生活の内情にいたるまで、実によく理解し、つかんでいた、ということは、解放戦線の指導者モンドラーネの書物によって知ることができる。「独立」以前のモザンビクについて、この本ほど正確な情報を提供しているものはほかにないと思われる（幸い邦訳されている。後記文献参照。日本の他の出版社がアフリカに見むきもしない中で、この種のアフリカ関係の本をたいしてもうからないのに次々と出し続けている理論社の仕事は敬服に価する）。

むしろこのように解放戦線の存在していないところ、すなわちアフリカ大陸の大部分についてこそ、ヘイスティングズの言葉はあてはまる。「独立の」という形容詞はこの場合もとりあえず括弧にくくっておくとして、ともかく宣教師はアフリカをよく知っている。他の外国人は、商人として都市に居を構え、ぜいたくな暮しをしている。自分の金もうけに関係のないことは、アフリカについて何も知ろうとしない。商人以外には、大農経営者は農村にもよく行くものの、城のようなところに住み、すぐ大都市と往復できるように、自家用機さえ持っている者もいるのだから、これもアフリカの内情に詳しいとは言えない。技術援助者は鉱山や、ダム工事の現場などに行っているが、これも、そこで特別に保護された生活をしている。

だから、一つ一つの村にはいりこんで行って、そこで何十年も暮して、という宣教師が外国人の中ではアフリカを一番よく知っていることになる。いや、ある意味では当のアフリカ人よりもよく知っている、とさえ言える。当のアフリカ人はおのれのいる局地しか知らないが、宣教師は、宣教会社の世界的な組織の情報網と常に連絡をとり、自分も時々村を出て、その組織のあちこちと接触しては村にもどって来る。一つの村に何年かいれば、後任者と交代して、自分は他の村に行ったり、都市に出たりする。従って、アフリカのあちこちをつぶさに知る。おまけに、アフリカのさまざまな面について出版されている書物は、西欧語で書かれているものがほとんどだから、その点でも宣教師の方がアフリカの村人よりも、おのれの局地を全体との関連においてとらえることができる。何せ、二十年、三十年、四十年という滞在期間は長い。そしてこれら宣教師が同時に言語学者であり、人類学者であり、社会学者である。欧米の大学にいる「学者」などは、ひょいと一、二年「調査」と称してやって来て、話を聞き集めて論文をでっちあげる程度で、その話の出所も、宣教師である場合が多い。年季の相違で、知っている度合いがけた違いなのである。今やアフリカ人の学生などが、おのれの故郷について、言語学的、人類学的調査をやる、などと言っても、宣教師のやった調査報告や論文を基礎にすることが多い。アフリカ人自身に話を聞く、と言っても、そういう物知りの宣教師人類学者が、あなた達はこうなんですよ、と言って説明した理念をそのままに、もしくは多少手直しして話しているアフリカ人が多いのである。特にアフリカ諸言語の比較研究などは、これら宣教師の手によっていることが多い。

とすると、アフリカについての認識は、宣教師に依存するところが非常に大きいのである。当のアフリカ人自身の自己認識も、まして、世界や他の国の人々のアフリカ認識は、ここに依存する度合いが大きい。

前者について顕著な例は、テンペルスというベルギー人のもとカトリック神父がいる。これが「西欧」にあいそをつかし、「真正の」アフリカ思想こそ真理であると言い出して、「バントゥ哲学」なる奇妙なものをうちだした。バントゥというのは、中央アフリカの大部分の類似の言語を総称する概念で、これらの言語を話すアフリカ人はみなバントゥ語族に属する。そのバントゥ語文化圏に共通する哲学だ、というのである。実は、何のことはない、西欧的神秘主義の亜流にエキゾチックなアフリカ趣味をまぶしただけで、我々から見れば、安手の西欧思想以外の何ものでもないのだが、これが「真のアフリカ思想」だというので、ずい分アフリカ人の間に受けた。テンペルスにそのまま追随するのはさすがにてれくさいアフリカ人哲学者なども、結構発想はこれとどっちこっちでやっていることが多い。

外国人、特に欧米人のアフリカ認識となると、ますます宣教師に依存する。もっともこれもアフリカに限ったことではなく、アジアについても、それほどではなくとも、かなりそういう面があった。日本や中国についての欧米人の認識が、いまだに、かつて宣教師共がまきちらした理念によってひどく左右されてしまっている、ということは、まだまだ現代のイデオロギーの問題として、十分に考究しておかねばならない課題の一つである。だがアフリカの場合、アジアよりもけた違いに宣教師に認識が依存している度合いが強い。

これは世界史的な認識の問題として大変なことである。宣教師は所詮キリスト教の世界支配という視点からしかものを見ない。その利害関係にずぶずぶに身をゆだねてしまっている。「独立の証言」

どころの騒ぎではないのである。その宣教師達が、キリスト教を一応はひっこめたところで提示する「客観的に学問的な認識」なども、イデオロギーがどういう仕方で認識を左右するかを知っていれば、そうおいそれと信用するわけにはいかない。私は、欧米人のつくったアフリカ言語学をあまり信用しないことにしている。かといって、自分でアフリカの言語についてきちんと知ろうと思えば、一生アフリカに住みこんで、それだけをやっていないことには、到底正しい認識に到達しえない。そうでもしない限り、情報の量においてとてもかなわない。いや、これは私なんぞの仕事ではなく、アフリカ人が自分達でやるべきことだ。日本語にしたところで、いまだに、欧米言語学の輸入やら焼き直しやら、せいぜいよくて裏返しぐらいで、日本語の研究と称している度し難いあほう共が日本人の日本語「学者」の中にうようよいるではないか。

もう一つの問題は、これらの宣教師は本国の白人とも違って、独特の集団を形成していることである。宣教師に限らず、植民地をわたり歩く白人の層が存在する。宣教師に関しては、アングロサクソン系の者に多い。親の代、それよりも更に三世代も四世代も前から植民地をわたり歩いている。親が宣教師なら子も宣教師、あるいは宣教師の子供が技術者になってアフリカにとどまり、そのまた子供が先祖がえりして宣教師になる。商人、植民地行政者、植民地「学者」など、その家系を探せば、同様に植民地で飯を食っている叔父だの甥だの娘婿だの。そしてその中にはたいてい一人は宣教師がいる。そして、顕著な事実は、それらの家系がみな一つの土地にいる、というのではなく（それはむしろ、旧ポルトガル植民地のように古い型の植民地に多い）、世界中にちらばっている。アフリカで私の会った数多くの宣教師は、自分の大叔父が日本にいたとか、自分は上海で生れたとか、兄弟は沖縄に行ったことがあるとか、とくとくとして語る。てめえらはどうせ日本も中国もてめえらの植民地ぐらいにしか思っていねえんだろう、ふざけんじゃねえよ、と腹の中で思いつつも、行きずりに一、二分会った程度の宣教師に一々喧嘩を売るわけにもいかないから、仏頂面して挨拶だけはしてやっているのに、いい気になって自慢すること。このようにして、世界中にちらばった植民地家系というものが多くいて、彼らがアングロサクソンの世界支配の先兵の役を果している。そして、この連中の多くは、本国の現代文明についてもおよそ無知なのが多い。彼らの本棚には、月並なプチ・ブルが「教養」と考える類のものなど、およそ見出せない。その種の「教養」も、結構それなりの良さがあるものなのだが。あるのは、どこの国でのキリスト教宣伝成功物語とか、宣教師の鼻の下を長くした他伝、自伝、あるいは俗悪な「信仰」読物。子供のための本でさえ、そんなものばかりだ。肝心のキリスト教についての知識さえ、現在の欧米のキリスト教研究の水準など、彼らには考慮の外で、一世紀以上も昔の保守的護教論を先祖代々反復している。

そういう植民地わたり歩きの知的底辺の白人の中にも、「能力」の点では偏執的に優秀なのはよくいる。人類学なら人類学、言語学なら言語学、といったものにこる。こった限りにおいて、「現地人」についてのやたらと詳しい調査と、かびのはえたキリスト教が同居する。

たまに——この場合は本当にたまにだが——それらの宣教師の中にも、並はずれて良心的な人物が出て来る。ヘイスティングズ神父がその例である。しかし、その並はずれて良心的な一人の宣教師の背景に、どれだけ部厚い植民地ゴロの層がひかえているか、知っておくべきだろう。彼の場合も植民地家系である。カトリックだから、親が神父だったというわけにはいかないが、親はマラヤで弁護士をやっていたイギリス人である。彼はクアラ・ルンプールで生れた。植民地生れの母斑はついてまわる。だから大学を終えると、自分もどこかの植民地に行きたくなる。それで宣教師として東アフリカにやって来て、タンザニア、ウガンダなどでもう二五年以上も宣教師をやっている。

こういう良心派の場合、知っていることはともかく実によく知っているので、アフリカについて語る場合、ことを一応はアフリカの側から見ようとする。その点が、彼の書いた『ウィリヤム』と、後に紹介するドイツの良心派の発行した『ウィリヤム』の基本的な相違をなす。後者は、ヨーロッパでいい暮しをしているインテリ平和主義者のものである。それに対して、ヘイスティングズはその報告の中で書く、

「大勢のヨーロッパ人の平和主義者がいる。またキリスト教徒の平和主義者がいる。しかし、ヨーロッパもキリスト教も、数世紀来はっきりと平和主義であったためしはない。ヨーロッパのキリスト教徒がなしてはならない一つのことは、自分達自身が決して実践したこともない平和主義の基準をアフリカのキリスト教徒に押しつける、ということである」(一一四頁)

宣教師でこれだけ言い切れれば、立派である、と言わねばならぬ。そして、この視点から、しかも欧米の読者に対して、ウィリヤムの虐殺を、克明に事実を追う、という仕方で告発することを通じて、アフリカにおける平和がどうあらねばならないかを、真摯に訴えつづける。それは事実に立脚してい

るから、説得力がある。

しかし問題は、それだけとりあげれば実に立派なこの告発も、宣教師としての活動の大きな枠組の中におかれているのであって、それがこの枠組の維持に奉仕せしめられる時、かえって歴史を逆行させる方向に働く、ということである。そして、告発自体においては、この枠組は前提されているだけで、あからさまに言及されるわけではないから、なかなか人々に気がつきにくいが、実は、この枠組は現在の欧米の世界支配を支えるイデオロギーの一環なので、この告発に感激してほめあげる欧米の善男善女の動きは、この告発そのものよりも、それを支える枠組の強化に役立ってしまう。

ヘイスティングズ神父はもう一冊アフリカについての書物を発行している。『現代アフリカにおける教会と伝道』(一九六七年)という表題の書物である。表題の示す通りの書物であるが(ただし「教会」といっても、ほとんどカトリック教会だけ)、「独立後のアフリカ」などという章ももうけられていて、現在のアフリカ諸国の社会問題などをよく論じていて面白い。しかし私は、うかつなことに、ウィリヤムの虐殺の告発をなしたヘイスティングズとこの著者とが同一人物だということに、かなりな期間気がつかなかった。その告発していく姿勢と、キリスト教を護教していく姿勢とが、なかなか一つにつながらなかったのである。そして、それがつながった時に、この「告発」を支えている枠組が理解でき、西欧の世論の大勢が喜んでこの「告発」の支持にまわったことの理由もはっきりしたのである。

この本を貫いている動機は、今アフリカでのキリスト教「伝道」を根本的に検討し、新しい情勢にふさわしく立て直さないと、中国の二の舞をふむ、という一種の危機意識である。と同時に、アフリカではキリスト教は比較的うまくやってきたから、この立て直しにさえ努めれば、アフリカ大陸をキリスト教大陸に仕立てる希望は大いにある、という自信である。

「今日アフリカにおいて、教会にとって広く開かれている機会は、場合によってはやがて、むこう数世紀にもわたって、失われてしまうかもしれない。ちょうど、かつて三十年前に教会が中国で持っていた機会が、今日ではただの苦い歴史に変ってしまったのと同様に」(一三頁)

どんなに立派なことを言ったりやったりしてのけても、所詮底を割ってみれば、キリスト教の本質はこのせりふにつきている。この図々しくもおこがましいせりふに。自分達が経済的社会的文化的に支配しそこなったところは、「ただの苦い歴史」にすぎない。そして、自分達の支配をがっちりかためる「機会」のあるところは、断乎つかまねばならない。表に出て来てものを言う時には、いろいろな屁理屈で化粧しているからわかりにくいことはあっても、彼らの中国を見る目は、このようにおよそ単純きわまりない原理によっている。だから、中国は本質的に「悪」なのであり、中国の「影響」が他の「後進国」に及ぶのは、許し難い悪なのである。むろん本当は中国の「影響」なのではなく、それぞれの民族がおのれの歴史をおのれの手で築いていこうという、当然のなりゆきにすぎないのだけれども、それが彼らには中国の「悪影響」に見える。かつては何でも「ソ連」の影響に見えたのと同じに。

これは宣教師の世界観である。だが、キリスト教などちゃんちゃらおかしいと思っているなまぐさ白人共も、たいていはほぼまったく同じように世界を見ている。彼らにとって中国は、苦い、あまり思い出したくない屈辱の歴史なのだ。どうもあきれ果てた態度である。不当になぐられたのが屈辱の意識になって残る、というのならわかる。しかし、逆にすでに不当にかなりなぐっておいた後で、最後に思う存分なぐりつける機会が失われたからとて、それを屈辱に思うなど、おこがましいにもほどがある。

このキリスト教「伝道」の戦略が、ウィリヤムの虐殺の告発とどうつながっていくのか。

著者は、古い形のキリスト教伝道、つまり「原住民」の風俗習慣文化はみんな悪魔のしわざなので、何が何でもそれは駆逐し、欧米の風俗習慣文化を鼻毛のぬき方にいたるまで押しつける、などという無茶苦茶がキリスト教自身にとって決して得にはならないことをよく知っている。かといって、いわゆるキリスト教の「土着」などというので、一種の安手の自己嫌悪から、妙に西欧近代文明に対してすねてみせ、近代文明の「悪」にそまらないアフリカの「原始」の風俗習慣にこそよいものがある、などと無責任にほめそやし、その「現地」の風俗習慣の上にキリスト教をつぎ木するのが真の「伝道」だ、などという前者の裏返しが、決してアフリカ人自身の固有の文化を敬う道でない、ということもよく知っている。それは、アフリカの「未開」をほめそやす、という形で、アフリカを「未開」の博物館において楽しみたい、という、前者とどっちこっちの偏見にしかすぎない。

「過去においてしばしばなされてきたように、外部に存在している文化（フランス、ポルトガル、イギリス文化など）を（アフリカの）新しいキリスト教徒に、キリスト教への改宗に不可欠な一部として押しつけるのは明瞭に間違っているけれども、かといって、それをくつがえすのに、すでに存在している多かれ少なかれ停滞的な現住民文化の上にキリスト教をただつぎ木すればいい、というようなものでもない」（最初の括弧は著者、次の括弧は私。以下の引用では括弧は私）

今やアフリカの社会は、目まぐるしく変化しつつある。おそらく、今の世界で一番目まぐるしい速度の変化（というのは必ずしも進歩の速度が早い、ということではなく、じぐざぐ、ぐるぐる、混乱して廻っている速度が早い、ということでもあるが、それでも）の中に生きているのがアフリカ大陸である。そこには、現代世界の先端的問題がみな顕著に並んでいる。いや、現代世界の先端的問題がみな顕著にしわ寄せされてきている。アフリカは典型的な現代社会なのである。このことはいくら強調しても、強調しすぎることはない。

こういうことはヘイスティングズは深くわかっている。私などは大づかみな感覚で理解できるだけだが、彼は具体的な数多くの事実と体験によって大づかみな感覚を裏打ちしつつわかっている。とするとしかし、彼にとって、この大陸でキリスト教が生きていく道は、この大陸の最も現代的な進展と見あったものでなければならない。そしてまた彼は、宗教と風俗文化習慣社会とを切り離して考える、などという発想も所詮嘘にしかすぎない、ということを知っている。宗教は一定の風俗文化習慣社会と不可分である。「一定の」というのは、狭い意味での一つのきまった型というのではなく、「一定」の中にも様々な変化はあるにせよ。むろん私に言わせれば、キリスト教は一定の風俗文化習慣社会からしみ出してくる宗教的イデオロギーであるが、ヘイスティングズに言わせれば、逆に、キリスト教はおのれにふさわしい社会、文化をつくりあげていくのである。いずれにせよ、キリスト教的な社会というものがあるのは確かである。

とすると結論は明白である。右に引用した文に続けて彼は言う、「宗教的革命というものは、要するに、もしもそれが本当にその名に価するものであるならば、社会的かつ文化的革命を含まねばならない。何故なら文化は……必然的に世界観の立場から、もしくはその社会の価値基準から生じるものだからである。価値と理想の基準における革命は、文化的に表現されねばならない」(二八―二九頁)

ちょっとからかっておけば、こういう連中が「社会革命」と言ったとて、実際の社会革命を頭の中に思い描くことさえしていないことは、この文でも明瞭である。単に思想や信念の変化、改宗とか転向とか言ったのでは今時はやらないから、文化的革命と言ってみたのであり、ついでに「社会的」もそえといたにすぎない。だから考えていることは、「価値と理想の基準」を変えることでしかない。それはいやだいいたい、つい先頃までのキリスト教徒は、まずは「革命」という語は口にしなかった。それは「無神論者」の悪しき暴力にすぎない。ところが風向きが変ってきて、近頃「革命」というと大むこうに受けるものだから、キリスト教も革命に賛成することにした。なに、むろん、社会革命を本気になってやる気などない。今言ったように、社会革命が何であるかを思い描くことさえできない。ただ「革命」という言葉をかっぱらってきて、キリスト教こそが本当の革命です、と言いかえたにすぎぬ。かくして、言葉のインフレに貢献する。社会革命を反動的に押さえつけるには、何も、警察権力で直接暴力をふるって押さえつけるだけが能ではない。何でもかんでも革命だということにして、言葉のインフレをおこさせ、結局民衆にとって何が何だかわからないけれどもみんな革命になってしまい、何も変らないのに言葉ばかりはそこまで過剰になるといや気がさすから、それでおしまいという、労せずして得をするうまい手もある。

閑話休題、右のような戦略に立てば、どういうことになるか。露骨な欧米植民地主義には断乎反対し、そうすることによってアフリカ人の利益を守る立場に立ちつつも、究極的には、アフリカのまったき西欧化を目ざすのである。「(キリスト教) 伝道の基本的な任務は、アフリカにおいてであろうと、他のどこにおいてであろうと、白紙の上にキリスト教的な事柄を印刷する、などということではなく、良いことと悪いことについての生得的な意識を、キリストにおいて変革された世界という新しい像にむかって回心せしめることである」(六三頁)

これでは、古い型のごり押し「伝道」をいかにあれでは駄目だと批判してみたところで、本質的には全然変っていないことになる。要するに、自分達キリスト教欧米社会の規範を、「キリストにおいて変革された世界という新しい像」として押しつけようとしているにすぎない。そして、そのために、「現住民」の既存の風俗習慣、社会構成も、うまく利用できる限りは利用していく。ヘイスティングズはアフリカに根をはって、アフリカをよく知り理解している宣教師らしく、キリスト教がどういう相手に対しては成功しやすいかについて、的確な観察を提供する。

「一般的に言って、(アフリカの諸部族の中で) 権力が集中した君主制を持っている部族は、首長のいない集団よりも容易にキリスト教に転向するようである。同様に、父系制の者達の方が母系制の者達よりも、氏族（クラン）制を持っている者達の方が、強度な年令別集団の制度を持っている者達よりも、定住民の方が牧畜民よりも、容易にキリスト教に転向するようである」（一二二頁）

これほどキリスト教の本質的性格を見事に言いあてた言葉もそう多くはあるまい。いや、言葉がうまく言いあてている、というのではなく、事実は素直に性格を表現しているのである。キリスト教はまさに、君主制の権威の心情の、父系制的権威の心情の、年令別共同体ではなく、氏族的権威の機構の、そして、流動するのでなく定着する保守性の、宗教的表現なのである。事実はあまりに正直だ。だがそうだとすると、ヘイスティングスがあれほど、「現住民」の生得的な社会にキリスト教をつぎ木する、という方法はだめだ、と言っても、所詮同じことではないか。その中でつぎ木し易いうまい木を選んでつぎ木し、そうではない相手に対しては、つぎ木し易くなるまで体質の変更をせまるのである。

こういう視点に立った時に、現在のアフリカに実質的に存在している革命的な状況が、どのように見えるのだろうか。この点でもヘイスティングズは、状況把握については、なかなか的確である。たとえば、現在のアフリカで教育と関連して成立している四つの社会層の特色を手短かに紹介してみせる（一一〇―一一一頁）。実際、アフリカでは顕著に、教育程度と社会階級が重複する。

第一は大多数の大衆で、教育がまったくないか、たまにあっても四年間程度で、政治的にも社会的にも最も力の弱い者達。むろん若者も年寄も多い。しかし彼らも、革命に何ほどかひかれるところがある。特に若い者はそうである。第二が小学校を終えた者達、あるいは更に数年、合計で五年から十年の教育を受けた者達である。何らかの教育上の資格を手に入れるところまで勉強したわけではない。しかし、片言の英語（もしくは仏語）などというよりはだいぶましな英語を話す。若者の相当数がこれにあたる。彼らはもはや古い社会には定着できない。都市に流れこむ。かといって、職にはありつけぬ。政府にとっても教会にとっても、厄介な相手である。

第三は、最近新しく大学もしくはそれに近い学校を卒業して来ている者達である。彼らにはいくらでも仕事が待ち受けている。いまだに多くの技術的な仕事は白人の技術者でないとできない。それを徐々にアフリカ化していくことはアフリカ諸国がみな熱望していることである。だから彼らは社会が大いに必要としている者達である。しかし、最上級の座席はみなもうしめられてしまっていて、彼らの手にははいらない。そこに彼らの不満がある。第四にごく少数の上層階級である。彼らは独立の時に、もしくはその直後に、うまく権力を手に入れた。たいていは伝統的な部族の首長の家系の出である。教育の点では必ずしも第三の層ほどの教育を受けているとは限らない。

これは主として教育の面から眺めた社会分析だが、たとえばこういう状況に着眼してもアフリカは今や非常に革命的な状況にあるという。第四を除いたそれぞれの層の不満が社会変革を求めているからである。

もっとも私は、ヘイスティングズが言うほどに革命的な状況にあるとは思えない。むろんある種の政治的な変動は、その都度何ほどかの社会的な流動を伴って、常に起こりうるし、現に常にあちこちで起こっている。けれども、現代の社会革命というにはまだ距離がありすぎる。その点で私はどちらかというと悲観的である。この点がアジアのいくつかの国々と、アフリカの多くの国々の相違であろうか。やはり資本制的な生産の長い歴史の中で鍛えあげられた労働の意識だけが次の時代を用意する革命を担いうる、と今の私には思える。「資本主義的な生産」と限定して言うのは、もしかすると正しくないかもしれぬ。しかし、人類の過去の生産様式の中で、資本主義的な生産ほど、労働が価値をつくるということを如実に示したものはなかった。その中で鍛えあげられた労働者は、自分達の労働こそが生産の源泉であり、従って社会の生命を維持している力である、ということを肉体にしみこんで知っている。その上に立ってはじめて、自分達が支えている社会の主人に自分達がなるのは当然であり、その社会が自分達自身の社会になるのは当然だ、ということになる。そこに革命がある。だから革命は、何年何月何日に達成される、などということではなく、労働を自分達のものへととりもどしていく持続的な過程である。中国革命の場合に、その歴史的前提としてどの程度資本制的な生産様式が存在、発達していたのか、というような個々の事例についてここで論じることはすまい。また私の柄でもない。ただ、言えることは、中国の場合、労働者が労働をおのれのものにしていく、という過程が、じぐざぐを多く経ながらであるけれども、他の国々と比べれば、持続的に常に追求されてきている、ということである。それに対して東欧では、政治革命は、「労働者」の賃金を比較的高額にし、「労働者」に対する「社会保障」が多くなされるようになった、という形で、政治革命を支持した労働者に報いている。肉体労働者がいわゆる知識人と同じ、もしくはそれ以上の賃金を得るようになった。しかし、賃金があがる、ということと、労働がおのれのものになる、ということとは同一ではない。だから彼らは、あらゆるところで見張られているような重苦しい空気を呼吸しながらも、自家用車を持ち、別荘を持ち、短縮された労働時間の結果得られた長い夏休みと毎週末とをそこですごすことに生きがいを感じていく。生活の基本部分をしめている労働は、いつまでたっても、仕方がないからやっているという感じで、その結果、「もっと大事なもの」はこの社会の具体的なものの中にあるのではなく、何か非常に精神的なものの中にあるように思えてくる。今や東欧でキリスト教が大いにはやり、一種の宗教復興がおこりつつあるのも、「社会主義」権力がおのれの体制の維持のためには、こうして復興してきて一つの力になりつつあるキリスト教を、むしろ体制の一環として位置づけながらかかえこもうとしているのも、そのことの表現である。日本共産党が、自分達が政権をとっても、信教の自由は保証してやる、などと大みえを切ったつもりになって、既成宗教団体を傍系の権力組織として利用しようとしているのも、その猿真似にすぎぬ。

さて、この二例は確かに「革命」後の進展の問題であって、革命以前にどのような仕方で資本制的生産様式下の労働が、それぞれの歴史的条件のもとに位置していたか、ということではない。けれども、労働に対する観念が革命の進展に際してどういう役割を果すかがここに示されている。そして、もしも革命というものがこのように労働をおのれらのものにしていく持続的な過程であるとするならば、大部分のアフリカ諸国の場合、今のところ革命には縁遠い。労働が価値をつくり、労働が自分達の生活と社会をつくるのだ、という基本理念が、民衆一般の水準では、あきれるほど欠如している。

そうなったにはなったで歴史的な理由があろう。それを知るには「独立」以前の植民地支配における生産様式と労働条件を全体として緻密にとらえる作業が必要である。それはとても私の能力でできる作業ではない。いやそもそも、これは外国人にはとても調査可能なことではない。各植民地で、一国の国家権力に匹敵するぐらいの大きさの経済力と支配権力を持っていた植民地会社のあらゆる記録類はほとんど門外不出である。そこがわからないと、当時の生産組織全体の相貌をつかむのは難しい。アフリカ近代史で、政治史の研究は多くても、この種の研究はあまりない。とすると、当時の労働体験を持つ数多くのアフリカ人にいろいろ接触して、そちらの面から歴史を描いていく以外にあるまい。だがそれは、外国人には不可能であるし、また、なすべきことではない。当時の苦渋に満ちた体験を彼らの記憶によみがえらせて、話をききだす、などということは、古傷に手をつっこんでかきまわすような非道な行為であって、外国人に許されることではない。それにもかかわらず、「研究」熱心な「社会学」者などが、いろいろ調査にくりこんでくるけれども、その調査行為そのものが現在の社会に対して何であるのか、という問題の方が、「調査用紙」や「面接」で知れる程度の「研究」よりも、よほど重要問題なのである。だから、この種の歴史の掘り起こしは、当のアフリカ人自身がおのれの苦渋に満ちた歴史的過去と対決する、ということでしか、なされえないし、なされるべきでもない。しかし今のところアフリカ人学者のほとんどは、過去よりも現在に関心があり（当然のことだが）、過去の研究は、植民地以前のおのれらの「真の」伝統を再発見するのに急である。もっとも、私自身の不勉強で、探せばいろいろすぐれた研究もなされているのであろうけれども。

それにもかかわらず、大づかみな想定をなしておけば、旧植民地においては――今でも実は本質的に大差ない、大差ないどころか、一面ではますます顕著にそうなっている――支配者側の主たる関心は一次資源の獲得にあった。植民地経済はむろん、世界的な規模に発達した資本主義のもっとも先端的なあらわれには違いない。けれども、それは資本制的な生産様式の中心部分ではなく、それに奉仕するためにおかれた周辺部分、周辺のもっとも先の部分である。だからここにはしわよせだけ来る。住民の全体がその社会の生産組織の中に位置しているのではない。外から来た支配者は、主として鉱山資源とある種の農業資源を大量に確保すればよかったのであり、その資源に労働を加えて最終生産物とする過程、つまり、資本制的生産の中心部分は本国に持って行ってなされていた。むろん鉱山資源を掘り出すにも労働力はいる。しかし、それは、本国での労働総量と比べれば、ぐんと少い。つまり、住民の全体がそこに組織されるのではなく、局部的に、いわば運悪くつかまった者だけが、その労働に従事させられる。それも、持続する労働力としてではなく、消耗品的な道具として。労働力の再生産どころか、ぶったたかれて、使いものにならなくなるまでしぼりとられて、あとは放り出されるだけである。補充はいくらでもつく。このことは、鉱山労働者も労働時間外に、もしくは家族が、近辺の僅かな土地を耕して得る食糧で自分の生活を支えていた、という事実に端的にあらわれている。鉱山労働は自分達の生命や社会の維持には関係のないことで、まったくの外部の力による強制でしかなかったのだ。これでは、労働こそがおのれらの生活と社会をつくり、支える、という意識は生れにくい。そして、直接そこにくみこまれない大多数の住民は、その第一次資源を植民地支配者が確保するのに邪魔にならない場所に閉じこめられていたにすぎない。むろん、盗んではならない。植民地農園についても同じことが言える。極端な大農経営で、植民地農産物がつくられる。コーヒー、棉、茶、麻、バナナなどである。これらも、バナナは別だが、あとはみな、本国に持って行って最終加工がなされる。だから半奴隷的な農園労働者は、自分達がつくっているものも、自分達には関係がない。多くはそもそも、それを僅かでも自分達で使用したり、まして、自分達で人に売ったり、などということはありえなかった。それはすでに「盗み」とみなされて、制裁された。従って、コーヒーや茶の農園に働きながら、コーヒーや茶の味を知らぬ、という者が多かった。そして、農園労働者でありながら、鉱山労働者などと同じく、自分達の食い物は、自分達に許された僅かな土地を耕してマニオク芋をつくって食っていた。ここでも、直接その生産活動にくみこまれない周辺の多数の者にとっては、巨大な農園は、はいってはならない禁断の園であって、その農園の仕事の邪魔にならない限りにおいて、存在を許された。ここでもだから、農園労働者にとっても、周辺で生きている者にとっても、資本制的農園労働は自分達の生活に関係のない災害でしかなかった。

確かに独立後こういう状況は変った。けれども、かつての状況が生み出した意識は、状況の表相がどんどん変化して行っても、同一の意識として残りつづける。多くの場合、意識は状況よりも保守的である。ここにイデオロギーの問題がある。

つまり、労働が自分達の生活と社会をつくる、という意識が、異常なまでに破壊されたのが植民地支配である。だから独立後も、労働に対する嫌悪だけが強く残る。それは今や、どうやって働かずにうまい汁を吸うか、という方向に働く。

面白い例がある。経済学部の学生と称する男が私の家にふらりとやって来たことがある。どこかで、「支那人」は人がいいから金をくれる、と聞いたのであろう。要するに金をくれ、というのが目的だった。態度や話の様子からして、もしかするとにせ学生だろうと思うけれども、それはどうでもいい。この男はぬけぬけと、こういうことを言った。日本は自分では何も持っていないくせに、アフリカその他から資源を持って行って、それを高く売りつけてさやをかせぐことでもうけて、金持になっている、けしからん、というのである。だからあんたは私に金をくれ、という論理だ。多分、自分のところは資源も多くありかつ金持であるアメリカ人の経済学者が、日本や西欧の資源のない国が、自分たちを追い越しかねない勢いで経済的に「成長」しているのをやっかんで、単純化してつくった説を、いわゆる「第三世界」の国々にさかんに吹きこんだのが、伝わり伝わってこの男のところにもとどいたのだろうけれども、今や私は、こういうものの言い方には、特に相手がアフリカ人である場合、はっきり反論することにしている。確かに日本は帝国主義国で、あなた方の大事な財産を持って行ってしまっていけませんねえ、などと「左翼的」ざんげをやって、「加害者」たることの悔い改めをなし、自分は従ってその仲間ではありません、などといいところを見せ、良心家ぶるのは、何の役にも立たない。やや極端に一面のみ強調する言い方だが、ここのイデオロギー状況に対しては、はっきりと、冗談言っちゃいけない。一次資源を掘り出すよりも、そこから最終製品にいたるまでの方がよほど巨大な量の労働を必要としているので、日本人労働者はあんた達よりも三倍も四倍も働いてんだよ。我々の労働が我々の富を生み出しているんだ、と言うことにしている。

実際、比較的上層階級の者も、民衆の大部分も、富は労働が作る、ということはあまり考えない。富というのはもともとそこにあるものと考えている。それをうまく獲得した者が富むのであり、とりそこなった者が貧しい。従って収入を得るには、富のあるところに行って、おれにもくれよ、と言ってもらう、いやむしろ、おれも当然とる権利がある、と言って、人を押しのけて持っていく、ということになる。大多数の者の発想は、自分はこれだけ労働しているからこれだけ取る権利がある、ということではなく、自分はこれだけ欲しいからこれだけ取る権利がある、ということである。これは個個人の水準だけでなく、全体の水準にもあてはまる。だから、自分達は、厖大な一次資源の財産を持っているのだが、白人や日本人が持って行ってしまうから自分達はいつまでたっても貧乏なので、まあ、ほしいんだろうからやらぬとは言わぬが、それでもうけているんだから、自分達の方にも分け前を寄こしな、というのである。かくして、財産があるのだから座っていても金がはいってくる仕組みにならなければならないと考える。

こうなってしまったについては同情に価するが、しかし、これではどうにも仕方がない。そこにもって来て、アフリカの経済を非常にいびつな形にしてしまった金持国の経済「援助」がある。どんどんはいってくる援助金を、上層階級は山分けする。これは労働に関係なくはいってくる。借金のつけは下層階級にしわ寄せされる。ますます、富は労働がつくるのではなく、存在している富の分け前にうまくあずかることだ、という意識に拍車をかける。

労働についての意識状況がこうなっている限り、そして、「援助」経済がますます労働しない状態をつくり出して行っている限り、アフリカの大部分の諸国において、革命はほど遠い。自分達の必要なものは自分達が全部自分達の労働でつくり出す、という方向に動き出さない限りは、そしてそれが、国家権力者のかけ声（かけ声だけならもうさんざん言われている）ではなく、民衆全体の動きとなっていかない限りは、アフリカに現代的な社会革命はおとずれない。意外とその時は早いのかもしれないが、今のところはむしろ悲観的な状況である。

従ってヘイスティングズのように、今のアフリカが非常に革命的な状態にあるとは私は考えない。確かに、表相のめまぐるしい変化は相ついで生じて来るだろうけれども。

しかしヘイスティングズの分析が、アフリカの社会の非常に現在的な流動状況をとらえているのは事実である。ともかく早い動きで流動しているのは確かなのだ。そしてヘイスティングズは、その流動的「革命的」状況がマルクス主義に利するのではないかと心配する。そうなれば、中国みたいに、キリスト教支配の基盤を一切失ってしまう可能性が大きい。そうならないためには、キリスト教の方が旧態依然としていないで、住民の「革命的」状況に歩調をあわせて、キリスト教をも「革命的」なものとして提示していく必要がある。そして住民に対しては、マルクス主義だけが革命ではなくて、違った「革命」の仕方もある、ということを教えてやらなければならぬ。――この教え導いてやる、という精神こそが旧態依然としている、ということには気がつかずに。

「マルクス主義と中国の例とは、第三世界の人達にとっては、すばらしい脱出の道として訴えかける力がある。だが、それは一つの脱出の道ではあっても、唯一これだけの道というわけではない。……マルクス主義は一つの声である。だがほかにもあるのだ。カトリシスムも一つの声なのだ」（一一三頁）

このようにマルクス主義とカトリシスムを同列においてあれかこれかに見たてる、という発想自体が、マルクス主義に対するまったき無知をさらけ出している。マルクス主義は人間の社会的存在全体にかかわることだが、キリスト教は人間の存在全体にかかわるというそのたて前にもかかわらず、人間を宗教的観念の水準でしか見ない。それはともあれ、ヘイスティングズがこうして考えるキリスト教的「革命」とは何か。

「我々が彼ら（アフリカ人）を助けてやれる最初の仕方は、そして最善の仕方は、単純に、彼らを我々の利益に、我々の熱意に、我々の困難に、我々の信仰にあずからしめることである。」

何のことはない、これは帝国主義の定義そのものではないか。

「社会は一つである。そして我々はみなその社会に属する」（一一五頁）

ポルトガルの植民地主義者とそのあと押しをするアメリカや西欧諸国の植民地主義者が、ポルトガル支配下のアフリカ植民地が独立していくに際して、さかんに、新しく独立する国は多人種国家になるべきだ、と騒いだ。今アンゴラの内戦で戦っているのは、アンゴラ人の国家にしようとするアンゴラ解放運動の勢力と、多人種国家を標榜し、そこではあらゆる白色資本が自由に導入され、「自由主義」

経済、つまりすべての帝国主義経済諸力に対して無防備、無制限に門戸を開くことを主張するアンゴラの「解放」戦線との間の争いなのである。後者も組織としては純粋にアンゴラ人の組織であるところに悲劇がある。むろん、その背後勢力がどういうものであるかは、言うまでもないが。――そして今、南アとローデシアでも解放戦線の力が強くなるにつれて、植民地主義者の側は、今までのような人種差別国家をそのまま維持しようとするのはやめて、だんだんと防衛線を後退させ、法律上は平等な権利をアフリカ人にも「与え」て、「多人種国家」にしよう、ともくろんでいる。そしてそれにはすでに独立したアフリカ諸国の大部分の先例がある。彼らは名目上はむろんアフリカ人の国家であって、「多人種国家」ではないが、結果において実質的にそうなってしまっている。そうならざるをえなかった、と言える。従来の社会、経済構造をそのまま維持していこうとすれば、白人の技術者と商人が社会の要に位置していないとうまくいかない。――その点で、中国でソ連の技術者が引きあげてくれたのは、一時的には大きな打撃でも、結果においては、今日の中国をつくるのに非常に幸いした。――今やアンゴラや南部アフリカ諸国では、たてまえとしても「多人種国家」にしようという力が強い。

白人の宣教師がアフリカにいて、「社会は一つ、我々（白人もアフリカ人も）はみなその社会に属する」と宣言する時、それはまさに、「多人種国家」の宣言である。むろんヘイスティングズは、南アやローデシアの植民地主義者が言う、「多人種国家」にはどういう裏があるかをよく知っているから、それには反対だろう。しかし、彼個人の政治的意見がどうであろうと、どうでもいいのであって、問題は、彼のまきちらすイデオロギーがどちらの方向に作用するかということである。

想像しても見るがいい。日本にアメリカ人がうじゃうじゃのりこんできて、我々はみんな同じ人間です、社会は一つ、我々はみんなその社会に属する、と言い立て、だから、英語を公用語にしましょう、学校の半分は「アメリカン・スクール」にして、閣僚の半分は白人にして……。「多人種国家」というのはそういうことである。

こういう発想だから、ヘイスティングズは、伝統的な部族の首長の家系の者が、西欧的な高度の教育を受け、おのれの部族だけの代表にとどまるのではなく、部族を超える国家的水準での新しいエリートとなって、旧植民地から独立国家への権力移行が「摩擦なく」なされた場合を非常に高く評価する。逆に、いろいろ摩擦があり、紛争が多く生じたところは、しかるべくエリートが形成されていなかったからだ、という。たとえばコンゴ（現在のザイール）の独立時の混乱は世界的に有名だが、それは「かようなエリートが全然形成されていなかった」からである、という（一〇六頁）。地方の一部族の水準を超えるほどの指導力を身につけたエリートがいなかったからだ、というのである。冗談ではない。コンゴの独立時の混乱は、ちょうど今のアンゴラの場合と同じで、アフリカでも資源的に多く恵まれており、広さからしても大国で、六十年代のアフリカ大陸の命運をきめる一つの要の点に位置していたからなのだ。おまけに、当時ではまだまだ僅かな数のウラン産出国の一つであった。核兵器競争が頂点に達しようとした五十年代末に、そのコンゴが「ソ連寄り」のルムンバ指導のもとに独立するのをさまたげようとして、あらゆる類の力を注ぎこんだアメリカ、イギリス、ベルギーの共同作戦こそがこの混乱を生んだのである。彼らに誤算があったとすれば、それは、ちょっと力を行使すればすぐけりがつくと思ったのに、ルムンバを殺すまでにもさんざん苦労し、そのあとには東部に革命政権まで生れて、「平定」するのに大混乱を生み出し、何年も手を焼いてしまった、ということである。これを、当時のコンゴには全国的な指導力を持ったエリートが欠けていたからだ、などというのは、いくらなんでもひどい。

だからほんの数頁後で、ぬけぬけと自己矛盾をさらけ出して、独立後アフリカのかかえている諸問題を「アフリカ人におのれを統治する能力がないからだ」などと言って説明してはならぬ、などと彼が説教する時に（一一四頁）、そんな能書は信用するわけにはいかぬ。説教する時にいいことは言っても、具体的な事例を説明する時には、コンゴ人におのれを統治する能力がなかったからだ、と言っているのである。そして彼が、「英領アフリカではそうでなかった」、しかるべきアフリカ人エリートがイギリス人支配者によってすでにうまく養成されていたからうまく行ったのだ、という時、鼻の下を長くしたお国自慢にすぎぬ。そして、かつての「ベルギー領コンゴ」の悪口を言い、最近はポルトガルの植民地支配の告発に彼がはなばなしく立ち上った時、それは、俺達イギリス人のうまいやり方を、あんた達劣ったヨーロッパの弟も学びなよ、と言っているにすぎぬ。

かくして彼の「キリスト教的革命」の結論は、

「教会の運命、またアフリカにおいて教会の意味しうる一切のことの運命は、独立後の世代の教育あるエリートに大幅に依存している」（一一六頁、傍点は私）。そして、「革命」は常に少数のエリートによってなされるものなのだ、と言うのである（一〇八頁）。

西欧人によって、西欧型に教育された少数のエリートによる支配、白人の旧植民者と仲好く共同してなされる支配、これがアフリカにおける「キリスト教革命」の理念であり、そして、これが世界のキリスト教的進歩派平和主義者の最も代表的な人物の一人の見解なのである。

五

以上の背景においてみる時に、ウィリヤム虐殺の告発に見せたヘイスティングズの熱意が理解できる。キリスト教がアフリカの旧植民地体制の友である限り、アフリカ大陸でのキリスト教の命運は知れている。今やむしろ、「革命」の友として立ち振舞わねばならぬ。そうすることによって逆に、アフリカ大陸にマルクス主義がはいりこみ、「革命」が本当に社会革命として進展するのを妨げ、違う「革命」、キリスト教指導下の親欧エリートによる支配体制の確立を支えねばならぬ。ポルトガル植民地の命運はつきる。南ア、ローデシアもやがてである。何も死馬にかけることはない。死にかけている馬を鞭をふるってやっつける作業には、死んでしまう直前にうまく参加し、おれ達も旧植民地主義をやっつけるのに参加したのだ、と言わねばならぬ。ポルトガル植民地後の新しい社会にこそキリスト教は奉仕する、ということを見せておかねばならぬ。

こうして、ヘイスティングズの場合には、『ウィリヤム』と『近代アフリカにおける教会と伝道』

という二冊の書物に分けて、人道主義的告発とそれを支えるキリスト教護教精神が、露骨には結びつけられずに、しかも暗黙のうちにつなげられていたのが、ヘイスティングズの尻馬にのってポルトガル植民地主義の告発に乗り出した西欧進歩主義者達の場合には、露骨に言いつのられたとしても、不思議ではない。その時私は西ドイツにいた。そしてその露骨に言いつのる姿勢に何ともやりきれないものを感じた。それがこの文章を書こうと思いたった直接のきっかけである。その後二年以上もたってしまったが。その西ドイツでの反応を二つほど紹介することで終りにしよう。

ヘイスティングズのウィリヤム告発の書物が出るとすぐあとで、西ドイツの「開発と平和研究カトリック協議会」なるものの「学術委員会」が、それにもっと大幅に資料を加えて、同じく『ウィリヤム』と表題をつけた書物を発行した。委員会の名称がすでに、いかにもドイツ的ににぎにぎしいけれども、これは西独キリスト教会では最も「進歩的」なグループの一つである。

その書物のはじめに、「ベルリン自由大学政治学教授△△博士」なる人物の「学術的」な「解説」がつけられている。この「解説」は、ヘイスティングズの告発が西欧進歩主義者の中にかつぎこまれた時に何を意味したかを端的に示している。ドイツ人のいやらしさをむき出しにして、自分の書いていることは「学問的、客観的」解説であることをさかんに強調しつつも、実は手前勝手なイデオロギーを恥ずかしげもなく並べている。その内容は、実はまったく植民地主義の代弁でしかない。

つまり、ポルトガル植民地は英仏などの十九世紀にできあがった植民地とは違い、十五世紀から存在し、すでに十六、七世紀以降はポルトガル移民がそこに定着し、彼らによって「真正の混合した多人種社会」がつくられていた、と△△氏は言う。だから、今さらモザンビクやアンゴラはアフリカ人の国であって、ポルトガル植民者は出て行け、などというのは正しくない、そこは「多人種国家」として「平和」にやっていかなければならない、というのである。こういう言い方が、「客観的、学問的」に言っても正しくない、ということはすぐにわかる。そのことは、モンドラーネの書物の最初の二章を読めばはっきりする。ゲリラ戦で自らも武器をとって長いこと戦っていたモンドラーネの方が、「ベルリン大学教授・博士」よりも、文献の考証、歴史的事実の客観的確認などについても、よほど緻密にしっかりやっているのである。短く結論を紹介すれば、ポルトガル人は十九世紀後半にいたるまでは、「東アフリカ海岸ぞいに設立した補給基地に長年のあいだ満足し」ていたにすぎないし、それは、「内陸から海岸都市国家や海外への交易路を支配することによって、厖大な富を得た」(三八、九頁)ということなのである。つまり、中つぎ商業でもうけていたにすぎないし、そのための基地として、海岸都市にポルトガル人租界があった、というにすぎない。十六世紀に日本の海外貿易をポルトガル人、スペイン人が独占に近い状態で押さえ、その後はオランダ人の手にわたったからとて、ポルトガル人、スペイン人、オランダ人が日本を十六世紀以来支配していた、などとは言えない。それと同じ程度の嘘をこのベルリン大学政治学教授は平気で信じている。ただ、十九世紀後半以降、英仏独と並んで、ポルトガルもその分け前として獲得した植民地経営に本格的にのりだし、モザンビク、アンゴラ等を徹底的に植民地化しようとしたのである。だから、近代植民地としての歴史は、英仏独などのアフリカ植民地の場合と変ることはない。

「真正の混合した多人種社会」というのはますますまっかな嘘である。アジア人、混血を含めても、モザンビクの外国人人口は、一九六〇年当時で僅か二・五％である。その中、白人は六割程度である。多人種社会というにはほど遠い。そして、その「多人種」が「真正に混合し」というのも嘘である。みなが平等に混じりあって、新しい混血民族をつくりあげたわけではない。混血は人口の〇・五％にすぎない（六四頁）。それも、「異人種間結婚ではなくて、異人種間混交である。」一九五八年のモザンビクでは、異人種間結婚は一年で僅か二五組、そのうち白人と黒人の間の結婚は一組にすぎない。つまりベルリン大学教授氏の言う「真正に混合し」の実態は、モンドラーネによれば、「アフリカ人の女は（ポルトガル人に対して）よくても使用人を兼ねた情婦、わるければ売春婦か強姦の犠牲者である」（六五頁）。

こういう視点しか持ちあわせないベルリン大学教授氏とそのグループが、ウィリヤム虐殺の報道に熱意をもやし、そういう虐殺が二度とおこってはならない、と宣伝活動をくりひろげる時に、この報道がどういう目的に奉仕せしめられてしまうかは、明白である。彼が言うには、ウィリヤムのような虐殺が生じるのは、どちらが悪いというのではなく、要するに、いつはてるともしれぬ戦争が人心を荒廃させたからであり、従って、戦争をやめさせる以外にはこの種の虐殺はなくならない、というのである。しかし、右に述べたように、ポルトガル人にはモザンビクにいる「権利」があるし、他方アフリカ人もおのれの権利がある。だから、どちらかが自発的に手をひくことはありえない。そして、解放戦線は今や軍事的にもずっと劣勢で後退しているのであり、とてもポルトガルに対して勝つどころではない。他方、優勢なポルトガルの側も解放戦線をまったくの根だやしにするほどの実力はない。かくして、ほっておけば、この戦争はいつまでも続き、虐殺の悲劇もまたくり返されよう。自分は「学者」だから、解決の見通しを予測したりすることはしない。ただ、問題はこうだということを申上げるにすぎぬ——などとカマトト学者ぶりを発揮しつつ、その同じ口で、「解決の見通し」についても託宣を下す。「紛争解決へのきっかけは、(当事者のどちらにも解決能力がないから)、何らかの国際的組織によってしか与えられることはない」と断言する。「何らかの国際的組織」すなわち欧米列強の力に支えられた組織である。相変らず、俺達西欧の中でも「先進国」の者が出て行って審いてやらなければならぬ、というおこがましい精神の表白にすぎぬ。喧嘩両成敗だからやめなさい。どっちの言い分もそれぞれ正しいことは認めてあげる。しかし戦争が続くと、いつまでもこんな虐殺は絶えませんぞ。だから、あんたら後進ヨーロッパのポルトガル人や後進アフリカ人は、欧米列強の頭のいいお偉さんの言うことをきいて、妥協して、平和に多人種国家をつくって一緒に生きていきなさい。さもないと、あんた達はいつまでも虐殺で苦労するよ……。かくして「ウィリヤム」はみごとに利用された。

この種の「客観的」で「事実を専門的に詳しく知っている」はずのカマトト「専門家」のせりふがいかに信用できないかのいい証拠がここにある。この教授博士がこの愚文を書いて半年後に、まずポルトガルそのものでカエタノ政権がくつがえされ、その「革命」をになった者達はモザンビク解放戦線の正当性を認め、かつポルトガル側に勝ち目がないことも認めた。それでさらに一年後には、モザンビクは解放戦線のもとに独立してしまった。

似たような専門家の痴呆ぶりの例をあげておこう。インドシナ半島における各解放戦線の劇的な完全勝利の故に、その直前に日本のけちくさい「専門家」がどんなごたくを並べていたかなど、すでに忘れられてしまっただろうけれども、七五年四月四日号の『朝日ジャーナル』で、つまり、プノンペン、サイゴン解放を一ヶ月もたたない目の前にひかえている時に、「東南アジア研究家」なる肩書を持つ大木博という男と、「アジア経済研究所員」なる肩書を持つ高橋保なる男が、朝日の記者と座談会をやらかし、「チュー政権はまだまだ安泰だと思う」、ヴェトナムの解放戦線側にサイゴン奪取計画などあるはずはないし、カンボジャもGRUNCの二万の軍に対して、傀儡政権側は三万もあるので、とても「軍事的なプノンペン制圧は無理」である。だいいち一般民衆は解放戦線を支持してなどいない。結局のところ、「ともかく南ヴェトナムでは勢力均衡を背景に、政治交渉に発展する見通しが強い」と診断を下している。

「専門家」ならずとも、サイゴンの解放は今日か明日かと、毎日の新聞を多くの人々が首を長くして待っていた頃に、まだこういう間ぬけなことをぬけぬけと言っている。「専門家」の痴呆さ加減を見事に示してくれた例の一つである。つまり、先のベルリン大学教授博士にしても、こちらの東南アジア研究家にしても、植民地支配者側が提供する情報を頼りに、しかも、その情報を批判的に処理する能もなく、その情報についてだけはやたらと詳しく、その情報の代弁者たることにつとめているにすぎないから、こういうことになるのである。「専門家」をどう馬鹿にすべきか、というい い 教訓がここにある。さすがに恥ずかしくて、この大木やら高橋やらは、専門家の看板をおろして転業したのか、それとも、日本社会は寛容だから、相変らずいけ図々しくしゃしゃり出ているのか知らないが、前者であることを願っておこう。

さて、ベルリン大学教授の方にもどると、こういう「解説」をつけて、ヘイスティングズ神父の熱心な努力の記録に、さらに、各国の反応などを示す資料集を加えて、『ウィリヤム』ドイツ語版が発行されたのである。ヘイスティングズの場合、以上いろいろ述べたように批判はあるにせよ、アフリカについてこんなとんちんかんな偏見をさらけだしたりしないし、その活動も真摯で、かつ熱心である。しかし、ヘイスティングズ自身がその告発行為を無意識のうちにも枠づけている枠組がある限りは、それをほめそやす西欧進歩派共が、その告発行為をこういう「解説」の中にひきずりこんでしまうことは、避けがたいことであった。やはり告発すべきは、まずその枠組の方だったのである。

そしてポルトガルでカエタノ政権が倒されたあと、西ドイツのテレビ局がカメラをかついでモザンビクに乗りこんだ。一時間番組で放送されたこの番組は、テレビ記者があちこちで様々な集団や人物にあってものをたずねる、という構成であったが、その質問には常に、「で、あなたはキリスト教についてどう思いますか。独立後あなた方はキリスト教をどう受けいれますか」というのが最後についていた。モザンビク人の返事はこれまたはんでは押したようにきまっていた。「我々にとってキリスト教はどうでもいい。今までキリスト教が植民地支配に加担していたのはけしからんことだった。だが今はキリスト教はどうでもいい。解放戦線の手による独立に敵対さえしなければ、我々はキリスト教に賛成も反対もしない。」この返事はドイツ人記者には不満である。ウィリヤムの虐殺の告発をなして平和のために貢献したのは、キリスト教だ、従って、キリスト教及びそれに代表される「良い」白人は、独立後もモザンビクで、アフリカ人と一緒に「多人種的に平和に」やっていけるはずだ、いや、そういうキリスト教こそ必要なはずだ、という答を、何とかしてモザンビク人の口からひき出したがっていた。そしてちっともそれを言ってくれないものだから、記者は自分でその説教を一所懸命つけ加えていた。

モザンビクが独立にむかって大きな足音をとどろかしていた歴史的瞬間にその地を訪れた西欧人記者にとって、最大の関心は、自分達がアフリカに根づけようとしたキリスト教の運命だったのである。告発の第一段階のブルゴス司祭団は、おのれの生命を危険にさらしながら、この告発をなしていった。スペインのブルゴス地方の神父の中には、フランコ政権に対して堂々と抵抗の意志を表明して、反フランコの労働者の運動と連帯している者が相当数いる。そのブルゴスの神父達から送り出された宣教団だから、モザンビクにいても、真摯な活動をなしえたのである。その中の二人の神父は、「ウィリヤム」が「世界世論」にむけてわっとひろめられるよりもすでに二年近くも前に、ムクンブラの虐殺について報告書を公にし、その結びにこう言っている。

「今日から我々は決定的な歩みを踏み出す。抑圧された者、ゲリラ達、上からの搾取により絶望せしめられた者を支援する」(独語版『ウィリヤム』六八頁による)

おのれの場で闘うことを知っている者のみが他をも理解し、他と連帯しうるのである。だがこの第一段階の告発が第四段階にまでからみとられていった過程を追う時、イデオロギーの作用のしつこさに思いを致さざるをえない。

（一九七五年十二月十四日）

〈直接主題に関係のある文献〉

A. Hastings, Wiriyamu, London, 1974
A. Hastings, Church and Mission in Modern Africa, New York, 1967
F. Ansprenger u. a. (hrsg. von), Wiriyamu, eine Dokumentation zum Krieg in Mozambique, München-Mainz, 1974
E・モンドラーネ『アフリカ革命＝モザンビクの闘争』理論社、一九七一年

ウェーバーと現代
——日本ウェーバー学者の問題意識——

一

「ウェーバーと現代」という題は主催者がおつけになったのですが、まさにウェーバー流に言うとするならば、私はここでウェーバーについて話す資格はない、ということになります。もちろん私自身は、何もウェーバー流にものを言う必要はない、と思っているので、今日ここに出て来て話をすることにした次第です。

じつは現在、そもそも専門的な学問とは何なのか、ということがつねに問われつづけなければならない、そういう時点に我々は立っている……、というよりも、「問われ続けなければならない」と受身形でいうのは正しくないので、我々はこの問それを問いつづけてきたのですが、私が今日ここにきたのも、そういう作業の一環としてお考えいただければ幸いです。ここにお集りの方々の中にも、ウェーバーについてものを知っている、という点では、たぶん、私なぞよりもよほど知識の分量の多い方はおいでなのだろうと思うのです。その意味では、私は今日、ウェーバー自身について、知識的な側面において、何ごとか皆さまがたに提供するものを持って来たつもりはないのです。しかし、日本ウェーバー学者たちの問題意識をとりあげて論じていくということは、単にウェーバー学者諸氏だけではなくて、日本の大学人——ブルジョワ的な学問性の中でぬくぬくと暖っているところの日本的な大学人——の学問性に対する批判の一つのとっかかりみたいなものになるだろう、と思ったからです。

ですから、たとえば、例の『職業としての学問』の中に出てくる、しばしば引用される有名なせりふですけれども、「だから言ってみれば、自分が皮の目隠しをつけて、自分の魂が救われるかどうかということは、ある写本のある箇所をば正しく判読しうるかどうかにかかっているとまで思い込むことのできないような人は、学問にはそもそも縁なき衆生なのである」という例の有名なせりふですけれども、ウェーバー自身を学問的な対象として、こういうウェーバー的な学問に対する接し方をするならば、たとえばこの講演の一番はじめに話された安藤英治氏みたいに、ウェーバーのちょっとした恋愛事件まで夢中になって捜しまわるようなことになるのでしょうが、私はそんな熱情はもちあわせておりませんし（笑）、そういう点では全然やる気がないのです。その点で安藤氏自身ひどくウェーバー的ですが、一般には、このせりふを喜んで引きまわすウェーバー好みの連中が、まずたいてい、自分では、「ある写本のある箇所を正しく判読できるかどうか」という、そういう作業をやったことのない連中なのです。

私は本職は新約学者なので、それこそ、ある写本のある箇所をば正しく判読するかどうかというような問題でずい分時間をつぶさねばなりません。自分の最近やっている仕事で言えば、例えばマルコ福音書の一章の四一節の一つの動詞の写本の読みのどっちをとるかということで一週間以上つぶしてみたこともありますし、その程度の努力は実際はしょっちゅうやっているわけです。で、そういう作業をやっている人間として、ある写本のある箇所をば正しく判読しうるかどうかに、おれの魂が救われるかどうかという重大事が、かかっているはずがない、という確信は持ちうるのです。どういうことかというと、例えば今のマルコ福音書の一章四一節の実例から申し上げるとするならば、「イエスが怒って」という写本と「イエスが憐んで」という写本と二つ出てくるのです。どちらの写本の読みを採用するかということで、その写本の読みの採用の仕方についてだけでも、書かれた論文を探していけば何百ページかぐらいは見つかるのですが、しかし最後の所は、写本採用の技術上の問題では絶対に解決がつくはずがないのです、たとえ写本の異読の問題にしたところで。つまりこの場合新約書の写本というのは、数だけでも何千とございます。問題にしなければならない重要な写本だけでも何十とありますけれども、その何十の写本の系列を組み立てていって、技術的な判断をつめていっても、たとえばこの場合には、どちらをとっていいかというのは確率として五分五分としてしか出てこない。とすれば、あとは著者の思想そのものを問題にしていき、著者の思想を問題にしていくということは、その著者が生きていたところの状況の中で、その著者の思想がどう設定されてくるかということを問題にしていき、その中で、もしもここで「イエスが怒って」ということを著者が書いたとするならば、どういうつもりなのか、「イエスが憐んで」ということを著者が書いたとするならば、どういうつもりなのかということを、それぞれその場合に従って論理構築をしていくことになります。その論理構築の内容をなすものが何かというと、このマルコ福音書の一章の四一節の前後関係には、要するに、癩病人の話がでてくるのです。その場合に著者の思想を一世紀のパレスチナの状況において設定していこうとするならば、一世紀パレスチナにおける病気の状態がどういうものだったのか、特に病気というものについての一種の社会思想的な要素、病気というものを扱っていくところの、病気を社会的にイデオロギー化していく要素——病人というものは一世紀パレスチナにおいて、病人であるということで既に社会的に村八分にされていくような存在であったわけですから——そういう状態に対決していったイエスなる人物のたたずまいはどういうものであったかと、さらには、そういうイエスなる人物のたたずまいを再び宗教的な観念性に取りこんでいったところの初期キリスト教団の伝承の姿勢は何だったのかと、その何だったのかということを追求していこうとする時に、これはもはや、新約書の専門家ならわかる、などという問題ではけっしてなくなるはずなのです。つまり、ことはマルコ福音書一章四一節のほんの一単語の読みであるにせよ、そのどちらを拾いあげるかということを論じていく最終的な地点では、とどのつまり、歴史的な状況に生きている人間とは何であるかを問うていく眼をどこまで持ちうるかということにどうしてもいかざるをえないのです。ですから、例えば福音書の写本の読みを採用していくその判断は、決して写本の「専門家」の眼だけではできっこないのです。最終的には。

つまりそれを拾いだす眼はどこから出てくるかというと、その研究者が、とどのつまりは現代という歴史の場の中にあって、どこまで格闘しつつ生きていく姿勢を持ちえているかということが、過去の歴史的状況に対する対話の姿勢をも獲得せしめるものであります。だから専門的な判断というものについて、いわゆる専門バカということが言われますけれども、専門バカというのは、決して、自分の専門のことについては確かだけれども、専門領域以外のことについてものを言わせると全然バカになってしまう、というわけではないのです。専門バカの専門バカたるところは、自分の専門について実によく知っているようでありながら、まさにその実によく知っているはずの豊富な専門的知識の部分において、相当程度おかしいのが専門バカなのです（笑）。つまり、豊富な知識にもかかわらず、その知識を処理していく基礎的な視点がおよそ愚劣なので、専門領域以外に一歩踏み出すと、化けの皮がはがれて、愚劣さだけが露呈してしまうのです。だからその種の専門家に対する批判は、彼らの全然知らない領域にひっぱりこんで来て、あんたこんなことも知らないのか、とやっても仕方がないので、彼らの最もよく知っている領域で、いくら知っていたって、全然、その知っている素材をあんたまともに見ていないじゃないか、だいたい世の中全体を見ていないから、あんたの専門領域でも言うことがちぐはぐなんだよ、という批判でないといけません。

従っていわゆる専門領域間の共同作業というようなことが、今日ブルジョワ学者によってもかなり言われ出してきてはおるのですけれども、もしも専門的な学者が自分自身の専門領域における専門バカ的な要素を克服しえないでおいて、この点については俺は優れているんだ、と、お前はこの点について優れているんだ、と、だから二人の間の領域で協力していきましょうということになるとするならば、これは専門バカが二乗になって、ますます増幅作用をしているにすぎないということになる（笑）。必要なことは、自らの専門領域において、まさに何が見えていないかということを追求しうるだけの視点をどこまで確保しうるかということだと思うのです。

その意味で、私はブルジョワ学問的な領域の区分から言うならば、ウェーバー研究などということは何もやっていない人間ですけれども、ここで申し上げることについては、自分はウェーバーの専門家ではないからと言って自分をごまかすことは一切いたしません。ここで言う限りのことについては、相手がウェーバーの専門家であろうとなかろうと対等に議論するつもりです。

たとえば今の『職業としての学問』の中で、こういうせりふが一つ出てくるわけです。これなんぞそのまま読みあげれば、ウェーバーのせりふであるという以前に、われわれがあちらこちらの大学で、大学闘争の過程のなかで、大学教授の学問性というものを問題にしていった場合に、しょっちゅう聞かされたせりふだということはすぐお気づきになられるだろうと思うのです。

教師は講壇では価値判断をもちこんではならないということの説明として、「たとえば民主主義について話すとするならば」次のようなことが行なわれるべきだというのです。「まず最初に民主主義の種々な形態のはなしをし、ついでそれらの形態のもつ動き方を分析し、その結果のあれこれが生活状態に対してはどういう結果を生むかをたしかめる。そうしてのち、民主主義的でない、政治秩序の他の諸形態をば民主主義の諸形態に対立させて説明し、聴き手が自分たちの究極の理想から、民主主義でない形態に対する見解がきめられる立場がみられるようになるまで、努力が続けられる、とこういうわけである」（引用は、出口勇蔵訳、河出書房版ウェーバー『宗教・社会論集』、三七九頁）。つまり民主主義の諸形態及び民主主義的でない諸形態について、自分がどれがいいとか、これがいいとか言わないで、百貨店的にきれいに、なるべく「客観的」に並べ上げていくのだ、これが大学の教師の講義というものだということを言っているわけです。

これをウェーバーのせりふだといって紹介するから、みんな、何か意味ありげな、立派なことだというふうにお思いになるだろうと思うのです。しかしもしも、ウェーバーのせりふではなくて、どこのなんとかという日本の大学の教師が言ったと言ったら、たいていの学生諸君だったら、一言でナンセンスとかたづけるだろうせりふなのです(笑)。

で、そこのところが、ウェーバーが言ったからというので、何か意味ありげなことになっていくとするなら、その神経とは何なのかということなのです。つまり実際問題としてこれは、必ずしもウェーバー学者だけではなくて、現今のほとんどの日本の、日本だけではないのですけれども、大学教師がたてまえとしている立場です。そのような仕方でもって現今の大学教師がたてまえとしているところの学問性というものを、われわれ大学闘争を闘って来た部分は、それに対しても「否」をつきつけてきたわけなのです。

このせりふについて一言だけ批評しておくとするならば、要するにどこがおかしいかというと、「民主主義」なるものをそれだけぬき出して論じうると思った、という点ですでに駄目なのです。それだけぬき出してくることができると思えば、そこから先はそれについて、「客観的」に、いわゆる「客観的」に、民主主義というものは何であるか、どういう形態がありどういう動き方をしているか、などといくらでも展開できるわけです。しかし「民主主義」なるものをそれだけぬき出してくるという、そこがすでに実は問題なのです。そんなことはできっこないのです。いわゆる民主主義的な政治形態というものは、その政治形態というものを論じるためには、その底にあるあらゆる問題を同時にひきずってこざるをえないのです。そこで同時にひきずってこざるをえないものの中には、必ずや、自分自身が生きている場所が含まれてこざるをえないのです。だからこういう形でぬき出してきて議論するということが、所詮不可能なのです。

しかし他方では、ウェーバーのやった仕事は、こんなようないわば低級なせりふを書き連ねているだけではなくて、それなりに非常に強度な学問性を確立していった人です。そういうウェーバーの学問性を日本のウェーバー学者がなんらかの仕方で受容していった時に、そこに典型的に見られるところの、言うなれば日本的学者文化人の体質とでも申しましょうか、そこのところを何ほどか批判的にここで問題にしていきたいと思うわけであります。特にその際、今日の私自身の問題意識の中心点としては、知識人なるものの存在をどう押さえていくのかということを、ウェーバーの知識人論ということを通してではなくて（そのことはまた改めていつかふれるつもりです）、むしろ、だんだんこれから申し上げていきますような仕方でのウェーバーの受容の仕方を行なっているような、そういうことが平気で行なわれるような存在が日本的知識人の実体であるということを批判的に分析していくところから、われわれ自身が知識人として存在していることがそもそも何なのかという問いを腹の底で持ちながら、分析していってみたいと思う次第であります。

この場合、もちろん、大きく分けて問題は二つあるわけで、いま、「日本的学者、文化人の体質」

と申しましたけれども、特に日本的とは必ずしも言えないので、こういった大学人、学者、文化人の体質は、これはやはり世界的に見られるものです。近代市民社会の中に設定された学問性である限りにおいて、世界共通の根を持っているのです。だから本質的には、日本的なウェーバー受容の特殊性という問題ではなくて、ウェーバー自身の中に、そういう日本的学者、文化人の体質をかもし出していく一つの源泉があるということです。「源泉」と申しましたけれども、ウェーバー一人がそれだけの原動力を持つはずもないので、むしろウェーバーに典型的に見られるような、一つの非常にとぎすまされた、ブルジョワ的な学問性が、日本の大小の学者、文化人の間に、直接的間接的に共鳴する、と言っておいた方が正しいのですが、ともかく、その意味でウェーバー批判そのものにも突き進まなければならないのでありますけれども、今日の私自身の関心はその次の点にあるので、もう少し狭い意味で、ウェーバーの日本的受容にからむ問題を問題にしていきたいというわけです、つまりウェーバーの思想の受容の仕方、その受容していった内容、つまりウェーバーから日本的ウェーバー学者にものが伝わってくる場合に、一つの継承が生じるのですが、継承は同時に何ほどかのずれを伴うものです。そこでその継承とずれの内容を問題にしていかなければならないのですけれども、しかしそれ以前にそもそも、ウェーバーを「受容する」という発想、発想というか姿勢というか、それを問題にする必要があります。何をどう受容しようとその内容以前に、「ウェーバーを受容する」という発想そのものが所詮、思想を借り着ですましておく、という体質の現われなのです。

つまり、対象としての現実に自分でもって取り組んでいく、というところから出発しないで、ウェーバーを言い直し、焼き直していればそれで「学問」になる、という態度が非常に多く見られるのです。これまたウェーバー学者に限ったことではないので、マルクス「学者」にも似たような例はまま見受けられるし、ほかの領域でも大なり小なり見受けられる現象なのですが、そしてこのように指摘すれば、誰しもが、そんな愚劣なことで学問になるものかと思うに違いないし、また実際、そういう焼き直し的「学問」の悪口を言う者も多いのですが、その実、こういう悪口を言う者も含めて、日本の大部分の大学の学者たちは、あきもせずに焼き直しの反復に終始しているわけです。しかしそういう点はウェーバー学者の場合においてはより一層強いということは、私としては感じざるをえないのであります。従って、必ずしもここでウェーバー学者だけをあげつらうつもりはないのですが、言うなれば、ウェーバー学者にもっとも端的に現われてくるところの日本的な学問性の特質を多少なりとも問題にしなければ、というふうに思うのであります。

ウェーバー学者と一口に言いましたけれども、もちろん、いろいろ違った方がおいでになるのでありますし、自分はもしくはあの人は、私がここで取り上げるようなウェーバー学者の範疇にははいらないと反論なさる方もおいででしょうし、いやそもそもお前はそこででかいことを言うけれども、日本のウェーバー学者の書いたものをみんな読んでいるのか、てなことを言われれば、ぼくはそんな、間抜けな暇があるか、としか答えようがないのですけれども（笑）、ある種の典型として、ここでは、大塚久雄の場合——私がなにほどか大塚久雄に興味をもつのは、彼が一方でキリスト教徒であって、彼の内に残っている、残っているというか、強固にかじりついているところのキリスト教意識を、思想家としての大塚久雄がまったく自分でもって切開しえず、またむしろ切開したくないものとして残している部分だということが、キリスト教批判者としての私にとって興味があるからでもあるのですけれども——大塚久雄はいつも、自分はウェーバー学者ではないと言い訳をしているのですが、これはカマトト的で、実際には、ウェーバーをかつぎまわることの専門家になっているのは周知の通りです。それから、似たような方向でウェーバー受容を継承しているところの内田芳明という人、これはとくに古代ユダヤ教にこだわっている、と言った方がよいでしょうが、主としてこの二人の書いたものを取り上げながら論じていきたいと思う次第です。もちろん、たまたまこの二人が目にはいったからというだけの話ですけれども、ある種の典型だと思うからです。内容的に今日の話の趣旨として申し上げたいことは、このような、ウェーバー「受容」の姿勢から、彼ら、大塚久雄にせよ、内田芳明にせよ、それぞれ常にウェーバーとマルクスを並べて見ていく視点があるわけですが、そういう視点からマルクスを見ていった場合に、いかにマルクス理解そのものが歪曲されてしまうか、そういう彼らの把えたところの「ウェーバー」と並べられた場合に、そこで彼らが「ウェーバーとマルクス」、もしくは「マルクスとウェーバー」、という形で並べていく場合の「マルクス」は非常に歪曲されたマルクス像であるという、そういう非常に歪曲されたマルクス像を生みだしていく直接のきっかけとなるのが、彼らがウェーバーに、まさに聖者ウェーバーに依拠しようとしているその姿勢なのだという、そこのところをだんだんとつなげて申し上げていってみたい、というのが話の基本的な趣旨でございます。

しかし、そこまでいく前にもう少しごく初歩的な、しかしごく初歩的ではあるけれども、あちらこちらにみられる現象なのですけれども、対象としての現実に自分でもって取り組んでいくところから出発しないで、ウェーバーを言い直し、焼き直していればそれですむという態度が非常に多いということの一例として、小さい問題を一つあげておきます。

たとえば、マックス・ウェーバーが原始キリスト教について、ほんの数行ずつですけれども、何度かくり返して、原始キリスト教は遍歴手工業者が担い手である、ということを言っているわけです。原始キリスト教を担っていったところの社会層は遍歴手工業者である、と断定的に言い切っているのです（河出版『宗教・社会論集』の中に部分訳がのっている『経済と社会』の中の「宗教社会学」二二五頁以下その他）。これを大塚久雄などは、何度も何度も、しかも「ウェーバーによれば……だそうです」という仕方ではなくて、あたかも当然の事実認識であるかの如く、「原始キリスト教の担い手は遍歴手工業者だったのですよ」というふうに、講釈師の見てきたような嘘よろしく、ふりまわすわけです（岩波新書『社会科学の方法』一五八頁以下、その他多数）。しかしその断定の根拠といえば、ウェーバーが言っている、ということでしかない。同じような断定を、日本ウェーバー学者の中では一番良心的な部分だと思われる折原浩さえもしているのです。しかし、そんなことがわかるはずがないのですよ(笑)。つまり原始キリスト教の担い手は社会層としてどういう層であったか、ということを確認していくための材料は、直接的な材料は、我々はまったくと言っていいくらい手にしていないのです。ですから、私なんぞ、原始キリスト教の担い手はどういう社会層だったかという問いをいきなり突きつけられたら、まずすぐには答えないのですよ。原始キリスト教と言ったっていろいろありますからね。あれだけの非常な広さをもって伝播した宗教というものがある特定の社会層によってのみ担われるなんてことはありっこないのですよ。おまけに原始キリスト教というものは古代地中海世界のなかで、パレスチナからはじまって、アラム語を母語としたり、シリア語を母語としたりしているような東方世界から、ヘレニズム世界から、ローマ帝国の中心地にまで、いろいろな社会層にわたって広まっているものでしょう。そういうものを論じていく場合に、しかもそれをまったくわかったような仕方で、まさに講義口調でもって、「原始キリスト教の担い手は遍歴手工業者であった」ということを、他人の発言を焼き直すだけでまったく断定的に言い切る神経は何なのか。

ウェーバー自身の判断の根拠は何かというと、原始キリスト教のもっとも有名な宣教者であったところのパウロなる人物、あれは遍歴手工業者であったという、これは間違いのない事実です。それで、たった一人そういうやつがいたから（笑）、それで原始キリスト教の担い手は遍歴手工業者であったという判断を導き出したウェーバーの導き出し方は、およそ安直なものですけれども、なおかつ彼は自分でやっているからそこをどう論理的に飛躍しているかを知っているので、何ほどか遠慮がちにいうわけです。しかしそれを焼き直す連中が、堂々とそれを断定的に講義してしまう時に、どのようにくだらなくなるかということです。たった一人、それもかなり特殊な事例を、いきなり全体に拡張して、原始キリスト教の担い手たる社会層なんぞと言われたのでは、「社会科学の方法」が泣くというものです。もちろん大塚久雄は、自分は原始キリスト教の専門家ではないから、と例の如く逃げるでしょうけれども、この程度のことは、専門家であろうとなかろうと、すぐに見ぬける問題なのです。素材にいきなり取り組んでいけばすぐに見えるはずのこういう単純なことが見ぬけないのは、結局は、ウェーバーを受容していれば学問になる、と思っている度し難いウェーバー信仰がこびりついているからなのです。ウェーバーが博識であるだけに、ウェーバー屋さんたちの場合は、他の「学者」よりも、焼き直しに安住する度合が強いのです。

この種の事例は、あげればきりがありませんが、もう少し広い視野の問題にしても、同じことは、大塚久雄が書いている「アジアの文化とキリスト教」という文章、例の『社会科学の方法』の中にはいっているものですけれども、アジアの文化とキリスト教という問題を日本人の思想家が論じていく場合に、要するに内容は、儒教についてマックス・ウエーバーが言っていることを紹介しているだけです。

ウェーバーが儒教について言っていることが相当勝れた内容であるということはそれなりに言えたにしたところで、日本人の学者がアジアの文化とキリスト教というテーマを論じる時に、しかもそこで儒教の問題を問題にしていく時に、われわれの周囲にいくらでも現実の素材はころがっているわけですよ。それについて自ら直接ふれることをなんらなさないままに、平気な顔をして、「アジアの文化とキリスト教」ということでもってウェーバーの本の単なる紹介だけをとうとうと弁じたてうるその神経というのはいったい何なのかということが言われなければならないのです。

こういうようなことは大塚久雄に限らず、探していけばいくらでもあるのです。こういうことはやってはいけないのです。決してやってはいけないのです。勇み足や息ぬきの程度でこういう文章を書いた、というだけなら、あげ足取り的な批判にしかならないのですが、それがその人の思想のいちばん根幹的な部分にまでしみこんでいっている場合にはやはり問題なのです。

以上指摘して来たような、どちらかというと単純なことなのですが、専門家的な知識に巧妙に覆われている部分の根幹に同じ体質がしみこんでいる、ということを見ぬくことが要請されるのです。大塚の、ウェーバーとマルクスを両手に花で「受容」しようとするその一見巧妙な「方法」において、いかにマルクスを歪曲してしまったかということに同じ体質が連なっている、と知る必要があるのです。

その両端をつなぐものとして、もう一例あげておきます。大塚久雄ほかの人たちが編集したところの『マックス・ヴェーバー研究』という書物が出ておりますが（岩波書店）、この中で彼は「マックス・ヴェーバーにおける宗教社会学と経済社会学の相関」という文章を書いております。この場合は、はじめから『マックス・ヴェーバー研究』という中で書いているのだから、ウェーバーの紹介をしているだけでもかまわないと言ってしまえばかまわないのですけれども、やはり紹介では研究にならないので、問題意識自体が借り物であって、自分が現実の対象との取り組みから切り出したものでないと、結局は紹介も歪曲になる、という好例なのです。

つまりここで彼は、例の『経済と社会』という大著の中にはいっている「宗教社会学」という長い文章がありますが、その中でも有名な部分、「身分、階級、宗教」という章を紹介しているのです。ウェーバーはここで農民層、騎士的戦士層、政治的官僚層、知識人層、市民層の五つの社会層の宗教意識を論じているのですけれども、これをそのまま紹介していくわけです。この場合も、ただの紹介だけでことをすます「社会科学者」なる者は、どうかと思うのですが、つまりこの五つの社会層を並列的に並べてすむものかどうか、方法論的にいって可能なのかどうか、という反省が、紹介者の側において全然なされていないのです。ウェーバーがこの五つの層について論じていますから、というだけで、並列的に列挙してしまったわけです。ウェーバー自身も、この五つの層をこういう仕方でぬき出してくることについての方法論的反省を、少なくともこの箇所では、直接的には論じてはいないのですけれども、しかし彼は自分で現実素材との取り組みからこれをぬき出してきたのですから、それなりの方法論的反省は、何ほどか、無自覚的にせよ、あっただろうと思うのです。しかしそれを紹介していく者たちはその反省を全然持たずに並べてしまうのです。

そしてウェーバーの場合ですら、実はこの五つが単純に並んでいるわけではないのです。まず知識人以外の四つの層が並べて議論され、知識人層は少しずらして後で論じられているのです。その点に面白味も問題性もあるのです。もっとも、この四つを並べるだけでもいろいろと問題があるとは思うのです。騎士的戦士層は主として中世の社会構造から析出してくるものだし、官僚層が独自にかなりな大きさを持った社会層を形成するのは主として近代社会なので、それぞれが析出してくる社会構造の歴史的相違をぬきにして、並列的に並べるわけにはいかないのです。市民層にしても、本質的には同じです。もっとも、ウェーバーの場合、実際に素材として用いているのは、主として中世から近世初期、近代社会の形成期であって、そういう時代に焦点をあわせれば、これらの社会層を並列することも意味を持ちうるでしょうし、また素材の時代的限定が頭にあれば、その社会層の像を無制約に拡大することもないはずです。ウェーバー自身がその無制約な拡大を批判的に制御する方法を必ずしも自覚的には持ちえていないことについては、例の「理念型」にまつわる方法論の問題として検討されねばならないのですが、ここではとりあえず、焼き直し業者の意識を問題にすると、大塚久雄の場合は、具体的な素材を捨象して、結論だけを紹介していくので、歴史的な社会構造と社会層との関わりを見ることがなされずに、これらの社会層の宗教意識なるものが、まったく無制約に一般論に拡大されてしまうのです。

その欠陥が「知識人層」の扱いに関してはっきり現われて参ります。すなわちウェーバーは、『経済と社会』のなかでは、前に指摘したように、まず四つの階層(市民層に関しては主として「小市民」層)の宗教意識を並列的に叙述したあとで、いったん理論的に整理しなおし、その整理の継続として、「知識人層による諸宗教の性格形成」を論じているのです。すなわち、「知識人層」のみいわば一段さげて論じているのです。ところが、ほぼ同じ時期にこの分析の理論的なまとめをしている『世界宗教の経済倫理・序説』の方では、「知識人層」がこれらの社会層と並列的に並べられております。大塚久雄も当然そのことに気がついてはいるのですが(二四四頁註4)、「論旨はもちろん同一である」の一言でけりをつけて、「知識人層」を並列的に並べて満足してしまっているのです。しかしウェーバー自身に内包されているこのずれこそが、ウェーバーが「知識人層」を扱う場合の混乱を示しているのであり、その混乱をついていけば、知識人について論じていく場合の複雑な課題の端緒をおのずとつかむことができたはずなのです。つまり前者においては、農民、騎士もしくは軍事的貴族、官僚、ブルジョワなどの諸階層がどういう宗教、特に宗教的倫理のにない手になるかをおそろしく単純図式的に整理し、どの階層も本質的かつ十全には「合理的」な宗教倫理のにない手たりえない、と「理論的」な託宣を下します。そして「救済宗教」の成立について、いわゆる「怨恨」(ルサンチマン)からする説明を退けるのですが、とすると、「合理的」宗教倫理と結びついた「救済宗教」のにない手たる「社会層」を他のところに求めなければならなくなるわけです。しかし、ウェーバー自身の「理論的」大前提として、合理的倫理をもった宗教の成立は、物質的条件や社会的条件から説明さるべきではなく、そういうものを欲する知的欲求から説明されねばならないのです。つまり、「救済の欲求」の源泉を、「世界をひとつの意味ある秩序体として把握することによってそれに対する態度決定をしたい」という「純粋にそれ自体としての主知主義」なるものを担う社会階層を、前の四つ(四つのほかに付随的に奴隷その他についても論じていますが)以外にもう一つ設定する必要にせまられたのです。その結果「知識人層」なるものを独立の社会層としてとりだすことになったのです。これは方法論的にまったく逆転しています。つまり、前の四つを論じる時には、一応は事実として存在している社会層から出発してものを見ようとしているわけです。これとてあまりに単純図式的で駄目ですが、それはまあ我慢するとしても、「知識人層」となると、まず宗教意識の特定の型を「理論的」に抽出してきて、その故に、その担い手たる社会層なるものが必要になり、理論的要請として「知識人」なる社会層を設定してしまうのです。しかし実際には、「主知主義」の特色はいろいろな階層にわたって見られるものですから、それでウェーバーは、「主知主義」の担い手として「知識人層」を指摘するだけではすまなくなり、もう一度諸階層それぞれの主知主義なるものを論じなければならないことになります。つまり、ほかの階層は多かれ少なかれ歴史的実体があるのですが、「知識人層」の方は強引な理論が生み出した影にすぎないのです。

ところが『世界宗教の経済倫理・序説』の方になると、この影が実体となって、単純に他の社会層と共に並列されてしまうのです。こういうところにウェーバーの「理論」のからくりがあるのですが、『世界宗教の経済倫理・序説』の方が有名なものだから、大塚ほかのウェーバー信者達は、これを五つの階層の宗教意識の分析として珍重してしまうのです。むろんここで本当の問題は、「知識人層」なるものを独立の社会層として析出させることにウェーバーは方法論上失敗している、ということに気がつくことなのですが、そういう批判的読み方をするどころか、ウェーバーの書くことならどの本の中でも「論旨はもちろん同一」だから（この「もちろん」の語には、ウェーバーの言うことに矛盾があるはずがない、という聖典信仰が顔を出す）というので、普遍的真理にまでかつぎあげてしまうのが紹介屋の作業なのです。

このように安直に知識人について論じることができるのは、一方では、要するに歴史的な意識が欠如しているからです。つまり歴史的に知識人層なるもの——知識人層ほど歴史的にその時代、その場所、その文化圏において、社会的位置づけが異なってくるものはないのです。従って知識人について論じる場合には、非常に鮮烈な歴史意識がなければできないはずなのです。――もちろん、大塚久雄も頭がいいから、せりふとしてはそういうことは見逃しません。ウェーバーのせりふに従いながら、「知識人たちがどの社会層から出自しているか、どのような社会層分化の状況の下におかれているか」が、知識人のうち出す理念に「根本的に影響を加える」と強調しております。けれども問題は、こういうせりふを、自分はこういうことも知っているのだと、薬味よろしく、もしくは批判に対する安全弁として「論文」のなかにちりばめておけばすむ、ということではないのです。それがせりふではなくて、歴史的意識としてどこまで貫徹しているか、ということが重要なのです。大塚の場合は、そう言ってみた、というだけで、「知識人」なるものの歴史的社会的規定性を歴史の事実に即して追求する実際の作業はおよそすっぽかしてしまいます。そして彼が好んで寄りかかるウェーバー的な図式、すなわち知識人のうちだす理念が歴史の流れに「転轍手」として働いて、変革的な影響を与える、という図式の場合には、「知識人」はまったく普遍的・抽象的な概念となって立ち現われて参ります。その図式の普遍的「知識人」と、歴史的・社会的に規定された「知識人」との二つの概念の間が、大塚の理論では、およそ調整されずにほっておかれているという事実が、前の「せりふ」がせりふにすぎず自分の認識になっていないことの証拠なのです（もっともこれは、紹介屋だけではなく、本家のウェーバーにもあてはまると思いますが）。

この歴史的意識の欠如が、自分自身が現代社会において知識人として存在してしまっている、という事実に対する否定的な切り込みの欠如と表裏一体なのです。すなわち、もう一方では、こういうことをやっている学者自身が、まさに知識人として現代社会に存在しているわけなのですが、私自身を含めて、学問的な批判にたずさわる者にとっては、いちばん自らの存在の問題として問題になってくるはずのことなのですよ。自分自身が現代社会において知識人として存在してしまっているというその事実を、どのように否定的に切開していくのか、ということを、日夜苦闘しつつ問題にしえているならば、知識人の問題についてものを言う場合に、他人が、しかも数十年前の外国の学者が言ったことを、そのまま右から左へうつしてものがいえるなんて、とってもそんなことはできないのです。知識人なるものについて、一言でも現代日本社会においてものを言ってごらんなさい、その言った一言のせりふというものは、その人間が日本社会において何ほどか知識人として存在している限りは、否でも応でも自分の足元に突きささるものでなければならないはずなのです。そこのところの問題意識がまったく欠如したところで他人の文章が紹介できるという、それが問題なのです。そういう安直な紹介屋的借り物の精神が、ウェーバーがいわばつき放して冷酷な観察の対象とした素材の描写までも、何か、有難い尊いものであるかのごとくに受けとってしまう、というふうに作用するのです。

たとえば、ウェーバーの例の「苦難の神義論」という概念があります。「苦難の神義論」とは、宗教的な意識、あるいはむしろ宗教的な理念が、現世に、一見不合理に満ちたこの現世に、意味づけをあたえていくのだという、そういう趣旨のことを「苦難の神義論」と呼んで、ウェーバー自身あちらこちらで論じているのです。それを、たとえば大塚久雄が紹介していく段になると、こういう文章に変っていくわけです。このほんの僅かなニュアンスのズレが実はなかなか面白いのです。つまり、同じことを大塚が言うと、「一見不合理に満ち満ちた現世も、結局は深い意味を帯びる総体」(『マックス・ヴェーバー研究』岩波書店、二四六頁)というような言い方に変ってまいります。あるいは「宗教意識の奥深い内面化・合理化に結びついた苦難の神義論」というようなせりふがでてまいります(二六二頁)。この「深い意味を帯びる」という「深い」という形容詞、あるいは「宗教意識の奥深い内面化・合理化」というこの「奥深い」という形容詞、これはウェーバーに出てこないものです。大塚久雄がそれを焼き直していく時に、それを「深い」「奥深い」と感じるのです。これは彼自身が持っているところの、ヨーロッパ市民社会のなかに抱え込まれたプロテスタンティスムの信仰に対する素朴な憧憬が、それを「深い」精神性とみなして自分自身が生きていく場合の寄りかかりどころにしている、その憧憬が、こういうところに形容詞となってすっと姿を現わしてくるのです。思想家が一番自ら切り込まなければならないのは、本当はこういうところですっと形容詞になる形でもって顔を出してしまうところの、自分の意識の基礎的部分なのです。ウェーバー自身は、たとえばヨーロッパにおけるプロテスタンティスムというものは、こういうものなのですよ、ということを淡々として説明しているのですが――こういう場合には、ウェーバー一流の、対象に対するひややかな距離を感じさせるのです。ウェーバー自身は、「苦難の神義論」(これは必ずしもプロテスタンティスムに限ったことではないのですが)など、自分自身の信仰理念としてかつぎまわるつもりは全然なくとも、そういう理念が宗教史上はかなり大きな役割を果しえた高度に知的な理念だった、ということを淡々として叙述するのです。ところが、同じものが、大塚久雄のような崇拝者の手にかかると、憧憬の対象として導き入れられてくるのです。ウェーバー学者のなかにはこの種の「信者」が時々いますけれども、岩波新書で、『マックス・ウェーバー』なんて書いている青山なんとかという人はまさにそうだけれども、この大塚久雄の場合には、そこのところを憧憬の対象として、青山秀夫のように中学校の道徳の教科書みたいに露骨に書くのではないのですが、しかも、こういうところで基礎的な色調としてそれがずっとにじみ出しているのです。その基礎的な色調としてにじみ出しているところの彼の価値意識が、自分でもって切開の対象にはならないのです。なぜ自分で切開する対象にならないのか。結局、ウェーバーが取り組んでいる素材そのものを、もう一度自分が批判的に拾い直すということがなしえないから、それはただの憧憬の対象に終ってしまうのです。

二

そこで前に言及しました「転轍手」についての有名な言葉と、その解釈をめぐって、思想と現実の関わりを追求する課題を自らのものとして自覚しつつ、多少論じてみることにします。

つまり、例の『世界宗教の経済倫理・序説』に出てくる文章です。「人間の行為を直接に支配しているのは（物質的ならびに観念的な）利害であって、理念ではない。それにもかかわらず、≪理念≫によってつくりだされた≪世界像≫は、きわめてひんぱんに、転轍手として、軌道を決定し、その軌道にそって利害のダイナミズムが人間の行為をおし進めてきたのであった」（河出版『宗教・社会論集』一三〇頁）という文です。

平たく言い直せば、人間の行為をおし進めていく力は「利害」もしくは「利害状況」であるけれども、その力は、いわば量的な力だけで、方向がない。それに対して方向を決めるのは理念なのであって、理念の方は力ではないから自分で人間の行為をおし進めていくことはできないけれども、「転轍手」として方向を決めることができるのだという、そういうことです。これは、ウェーバー学者達が、思想と現実との関わりを説明していく場合に、言わば聖典みたいな基準になっているせりふです。この場合も、ウェーバーの発想そのものに対して批判する必要があるのですが、ここでは、日本のウェーバー学者のふりまわし方を相変らず問題にすることにします。

ただ、ウェーバー自身について一、二言っておくと、小さな言葉づかいでは、彼は「観念的な利害」と「理念」を区別しているのですが、「観念的な利害」も「理念」の一形態であり、従って、ここでいう「利害状況」そのものに、すでに観念領域の問題が組み込まれてしまっているのです。従って、この場合、「理念」という概念がすでに曖昧なのです。さらにもっと重要なことは、このせりふは、前に指摘した『世界宗教の経済倫理・序説』の知識人層について論じた部分に出てくる、ということです。ということは、すでに指摘したウェーバーの知識人層についての論じ方の曖昧さ、転倒した方法論を問題にしないでおいて、このせりふだけを金科玉条のようにぬき出してきて論じたとしてもほとんど意味をなさない、ということなのです。知識人もしくは知識人層とは何か、ということをもう一度洗い直す作業をぬきにして、ウェーバーの知識人論だけを、知識人論の問題としてでなく、理念と現実の関わりについての一般的真理としてかつぎまわるわけにはいかないのです。ウェーバーはここで「理念」なる概念を知識人論の中で限定して用いているので（その結果、「理念」という概念が右に指摘した曖昧さを持つことになるのですが）、「理念」の問題を「世界像」の問題に限定してしまうことができたのです。――少くともこの程度のひっかかりを端緒にすることによって、ウェーバーの「理念」や「世界像」さらにはその「社会学」の方法論全体に対する批判的な切り込みの展望が開けるだろうと思います。それを、最小限この程度の端緒だけでもひき出しておくことをせずに、ウェーバーはこういっている、だから、「理念」なるものは「転轍手」として働くのだと、相変らず、ウェーバーの言葉であることがすでに真理性の基準であるかの如くかつぎまわっているウェーバー学者が何と多いことか。

このように大きな問題について、ウェーバーのせりふをひきまわすぐらいでわかったつもりになる、などというのはとんでもない話なので、思想なるものが現実に対してどのように先導的な役割を果しうるか、または果しえないか、ということについては、最終的には、決してどんな文献を読んだとしても、個別の歴史状況についてどのような記録を洗い直していったとしても、わかることではないのです。そういう文献に現われてくる部分、歴史的文献に現われている「事実」は、すでに観念性の中に何ほどか消化されている部分ですから、そこだけをどれほど洗い直したとて、わかるはずのことではないのです。自ら、まさに現代の状況の中で、自分達の組んでいく闘いの中において、その中で自分達の、もしくは自分の思想が、どこまで自分達の現実を切りひらく先導的な役割を果しうるのか、もしくは果しえないのかという、その問いが問われる場所でもって、自分自身の思想性が検証されていく、その努力が続けられる場所でもってものが言われていくのでない限りは、思想と現実の関わりに関して、「下部構造が思想を規定する」とか、「思想が現実を、歴史の方向を、決めていく場合がある」などと、いくらやりあったとしても、およそ意味をなさないのです。その中において、自分の思想を苦闘しつつ、つかみとっていく場というものがなければ、意味をなさないのです。

ここらでだんだん本論の、ウェーバー学者達のウェーバーの引用の仕方と、マルクスとの比較の問題にはいってまいりますが、いまの、「転轍手」についてのウェーバーのせりふに関連して、大塚久雄の場合ですと、こういう説明がなされてくるわけであります。これは『大塚久雄著作集』の九巻の最後のところにはいっている、「マックス・ヴェーバーにおける思想史と経済史の交錯」という文章でありますけれども、「唯物史観では、この転轍手である思想もまた、現実の利害状況の観念界における反映として、そこから出てくるという一面が強調されるんですが」という仕方で、唯物史観の場合と比較しているわけです。つまり、ウェーバーが「転轍手」の役割を果しうるものとして指摘している「思想」は、唯物史観によれば、逆であって、現実の利害状況がまずあって、それが観念世界に反映していったものが、「思想」なのだという、そういう一面ばかりを強調する、というのです。そしてそれには一面の正しさがあるけれども、ウェーバーはそれに対して、そうでない側面も見ていったのだという説明が続くわけです。「ヴェーバーは利害状況によるこうした根底的な制約はもちろん承認するが、しかし思想の、現実の利害状況から相対的に独立した自律的な動きをいっそう強調する。つまり、思想は現実の利害状況をそのまま反映するのではなく……。ヴェーバーの歴史観の主要な特徴は、何といいますか、思想そのものの独自な働き、歴史の流れにおける転轍手として積極的な役割を強調するところにあるといえましょう」(五六三頁以下)、というのです。このウェーバー理解がウェーバー理解として正しいかどうかということを論ずるのはやめておきます。ただ、このようなウェーバーとマルクスの比較は、マルクスを歪曲した上でないと成り立たないのは確かです。

第一に、ここでウェーバーが「理念」と「利害状況」の関係ということで論じている問題領域と、マルクスが「土台」と「観念」もしくは「上部構造」ということで論じている問題領域とは、同じ問題領域であって、ただ結論の出し方が違うだけだ、と前提してそのまま並べて比較しているという、その発想が問題にされなければいけないのです。つまり、マルクスの言うことを、言葉としてはウェーバーの言葉で言いかえて批評したわけですよ、いまの大塚さんのこの批評は。ウェーバーの「利害状況」なる概念が指し示しているものは、マルクスが「下部構造」「土台」ということでとらえたものと同じだという、そういう前提があってはじめてできる比較なのです。しかし、論じなければならないのは、その両者がはたして同じものを指しているかどうかということなのです。

〔註〕もちろん、大塚久雄も頭はいいから、こういうところは、一応は見逃さない。たとえば、同じことを論じている『社会科学の方法』の中で、「ヴェーバーが、利害状況に関連して経済的とか政治的とかいうばあい、この用語法がマルクスのばあいと少々内容的にくいちがっている」ということはきちんと指摘している(七七頁)。だからそこを等置してしまうのは「ほんとうは正確ではないのですが」と言いながら、「このばあい大きな誤解をひきおこすことはないだろう」から、「論点を簡単

化するために」、両者を等置して話を進めていく、と決断してしまう。こうして実際には、大塚久雄は常にこの両者を等置してしまっているのである。従って、この場合（この場合に限らず、彼にはこの種の飛躍が多いのだが）、大塚自身両者の概念の相違に気がついているではないか、それを、お前みたいに批判するのは正しくない、などとかばうわけにはいかない。気がついていようといまいと、結局は、大塚の「ヴェーバーとマルクス」を野合させようという試みは、この相違を無視したところで成り立たせてしまっている、ということなのだ。しかしこの相違は、「利害状況と理念」についてのヴェーバーの議論と「土台と上部構造」についてのマルクスの議論とを、そもそも同一水準で比較することを不可能にするような大きな相違なのである。

なお、大塚はこの相違に気がつくことは気がついている、と言ったが、その気がつき方も中途半端である。すなわち、大塚によれば、ウェーバーの「利害状況」という概念の方がマルクスの「土台」よりも広い概念だ、という意味で、両者の相違が見られている。ウェーバーの場合、「利害状況」は単に経済的利害状況だけでなく、政治的利害状況や、「内的・心理的に制約された利害もまた包含されている」という。これは、ウェーバーの概念の説明としては正しい。他方、マルクスが「経済的」と言う時には、ウェーバーが「政治的」とみなすものも包摂することもあるので、両者を等置してもたいして誤解はない、と大塚は言うのだが、その結果、実際には、大塚の理解するマルクスの「土台」の概念は、極めて矮小なものになってしまい、ウェーバーの「利害状況」から、政治的要因、心的要因その他を差し引いた残りの「経済的利害状況」と等置されてしまう。このことは、「マルクスのばあいには、……さまざまな文化諸領域における事象は、下部構造つまり経済的利害状況のあり方によって根底的に制約されており」（同六五頁、傍点田川）とか、「彼（ウェーバー）は、マルクスのように、それ（思想）が経済的利害状況の意識の面への反映だなどと、簡単には考えてしまわないのです」（同九〇頁）、といった大塚の言葉——この種の発言は、彼のほかの書物にも多く見出される——に端的に表現されている。

しかし後述するように、マルクスの「土台」の概念は、経済的「利害状況」というような狭い概念ではない。経済関係——もしくは、生産力と生産関係——は、経済的利害状況と同じではない。その意味では、マルクスの「土台」概念の方が、ウェーバーの「利害状況」よりもよほど広い概念であり、というよりも、両者は位相の違う概念なのである。いずれにせよ、マルクスは大塚の考えるように「簡単に考えてしまった」のではなく、大塚がマルクスの文章を自分で矮小化してしまって、これは矮小だ、と文句をつけているにすぎないのである。自分の影に向って、お前は小さい、と喧嘩を売っているようなものでしかない。

御存じのマルクスの文章の有名なところをいろいろ拾っていきますと、たとえば『フォイエルバッハ・テーゼ』の六番目に出てくる「人間的なものの現実の姿は、社会的諸関係の全体なのである」と言い切った言葉にしても、ここで「社会的諸関係の全体」ということでマルクスのとらえていたものが、ウェーバーの言っているところの、そしてウェーバーの言葉を大塚久雄が理解した限りでの、「利害状況」なるものと同じであるなどとは、何ほどかマルクスをお読みになった方ならば、とても思えないはずなのです。この「社会的諸関係の全体」ということが、さらに『ドイツ・イデオロギー』の中で少しずつ表現を変えて反復されて参ります（ここでは、『ド・イデ』の文献学的な問題、著者問題には立ち入らない）。「意識が生活を規定するのではなくて、生活が意識を規定する」（ここの「生活」という語が、さらに後に「存在」という語で言いかえられた時に、例の有名なせりふになります）。この場合の「意識」なる概念がもう少し先で説明されて、「意識はその発生のそもそものはじめから、社会的産物である」と言われ、ここでもその「社会的産物」という概念がさらに「関係」という概念で置きかえられていくわけです。

こう見てくると、マルクスにおいては、「土台」を説明する概念として、「関係」もしくは「社会関係」が中心になっていることがわかるのですが、この「社会関係」がウェーバーの「利害状況」よりもよほど包括的な概念であることはすぐわかるだろうと思うのです。そして例の有名な『経済学批判』の序文の中で唯物史観を説明した文章になると、もう少し厳密になって参ります。「社会的諸関係」

だけが土台だ、というのでもないのであって、「生産諸関係の総体が社会の経済的構造をかたちづくる」のであり、「この経済的構造が土台である」のですけれども、「社会の物質的生産諸力は、その発展がある段階に達すると、自分がそれまでその中で動いていた現在の生産諸関係と矛盾におちいる」。だから、「人間の意識が人間の存在を規定するのではなく、反対に人間の社会的存在が人間の意識を規定する」という場合に、その意識（＝イデオロギー的諸形態）は「物質的生活の諸矛盾から、社会的生産力と生産諸関係との間の衝突から説明されなければならない」。

つまり、生産諸力がだんだんと伸びてきて、その結果、既存の生産諸関係との間に矛盾が生じる時に、土台たる経済的基礎が変化し、社会革命の時期がはじまる、歴史の進展とはそういうものだ、としてとらえられた時の、この生産力と生産諸関係の矛盾、相克という唯物史観の動的な土台の理解の仕方は、ウェーバーの「利害状況」とはだいぶ違う問題なのだということは誰の目にも明らかでしょう。

つまり、マルクスの右のような「土台」の理解からいえば、ウェーバーの「利害状況」なるものは、狭い意味での（生産諸力と区別された限りでの）生産諸関係のなかの一部として位置づけられるべきものなのであり、さらに、この生産諸関係から析出してくるところの観念状況にもまたがっているものなのです。ですから「利害状況」という概念では、せいぜい、下部構造と上部構造の接点的な部分までしか到達できないので、下部構造全体をとらえきるものではとてもありえないのです。

そういうことがわかれば、ウェーバーの概念を持ってきて、「利害状況」と「理念」とが相互にどのように関係するのか、と論じてみたとしても、マルクスが存在と意識ということで問題にしていた問題領域に行きつくはずもないのです。それを、マルクスの「土台」をウェーバーの「利害状況」と等置して、説明、批判してしまったのが大塚久雄なのです。これでは、「ウェーバーとマルクス」もあったものではないので、それは「ウェーバーとウェーバー」にしかすぎないと申せましょう。

さきほど、思想がどこまで歴史を動かしていく力たりうるのか、などと問うときには、一方で自分自身が運動の状況のなかで苦闘しつつ自らの思想を検証し、つかみとっていく作業を踏まえていなければならない、と申しましたけれども、そういう場での格闘がなく、よその学者のうちたてた理論をやりくりするところからのみこの問題を考えていった場合に、何が生じるかと言いますと、たとえばこの場合でいえば、「理念」なるものと「利害状況」なるものとを別々に切り離し、それぞれの独立の概念として処理しうると考え、その前提の上でその両者の関係を整理して単純論理で結びつけようとするといった発想が生じるのです。

とりあえず、「理念が転轍手の役割を果す」というウェーバーの言い方にのってものをいうことが容認されたと仮定しても、その場合でも、実際、あらゆる理念、あらゆる思想が歴史を動かしていく力に対して、必ず「転轍手」として方向を決める役割を果しうる、などというはずはないので、ある特定の理念、思想が、そういう役割を果すことがあるのだということにすぎないのであって、理念なるもの、思想なるものが一切合財、理念であり思想である限りにおいて、「転轍手」としての役割を果しうるんだというような、そんな間抜けなことをウェーバーはここで言っているのではないのです。とすればたとえウェーバーに従ったとしても、直ちに次の問いを、しかも自分自身の問いとして問わなければならなくなってくるはずです。すなわち、それではどういう理念、どういう思想がその「転轍手」たりうるのかという問いです。そしてその問いに答えようと思ったら、一方では、先ほど言いましたように、自分の生きている場においての思想的な取組みからしか答は導き出しようがないのです。

その場合にいやでも見出さざるをえないのは、その思想そのものがすでに、大衆の生活状況の現実の中から切り出されていったものでない限りは、そういう「転轍手」としての役割なんぞ果しうるはずがない、ということです。何らかの思想、何らかの理念を、「世界像」を、ポンと外から持ってきて、これでもって大衆の力の方向を決めていくものになるんだなどと思い込み、さあ、お前らは力はあってもどっちを向いていいかはわかるまい、方向は俺達が教えてやるよとばかりに、こっちへ行け、などと言ったところで、絶対に大衆は動くものではないのです。それで、もし大衆がそういう理念にそって動くとするならば、その動きうる方向を示しえた理念は、肯定的にか否定的にか、大衆の現実の生活状況から切り出されてきたものであるはずなのです。だからウェーバーのこのせりふを言ったとしても直ちにもう一度出発点にもどって来ざるをえなくなるのです。つまり思想と現実の関わりを論じる手前で、どのように思想というものは現実から切り出されてくるのかという問いに、もう一度もどらざるをえなくなるはずなのです。だから、理念は「転轍手」としての役割を果しうるんだなどと喜んでかつぎまわっていないで、そもそもその場合の「理念」とは何であるかを問うならば、「理念」なるものを、「理念」なる理念を、それだけ独立にぬき出して論じうると思うことがすでにおかしかったということに、気がつかなければいけないはずなのです。

さらに、いま、ウェーバーの言い方に従うとするならばということを申しましたけれども、その際「理念」という理念と「利害状況」という理念が、それぞれ独立に切り出されてくるのは問題だということを指摘したのです。そしてまさにウェーバーの言い方に私としては従っていくことができないのは、やはり「利害状況」と「理念」という両概念が並列される、という点なのです。ここから、「利害状況」という概念の方が独立に切り離されて抽象化される、ということも生じて参ります。ここでは、ウェーバー学者の、先ほど名前をあげました、内田芳明を引用します。彼がこのせりふを言いかえていって、次のように言うときには、いかにウェーバー主義者どもが、日本の現在の状況の中でもって、一つのイデオロギー的役割を果しているか、ということを、おわかりいただけると思うのです。一九七一年のはじめという時点に書かれているという事を、頭においていただいて、「大衆の暴力が、ではなくして、大衆の暴力に一定の意味や使命感や激情を与え、大衆の運動に向うべき方向——どこからどこへ——を与えるところのイデーこそが重要であるとすれば、このイデーそれじしんがどのようにして創造されるのか、ということこそ決定的に重要となるのである」(『展望』七一年三月号)。

つまりウェーバーのせりふを彼がなんと言いかえていったかというと、ウェーバーが「利害状況」と言っているものを、内田は「大衆の暴力」と言いかえ、これは方向のないものであると、あっちにもこっちにも爆発しうるものであると、だからそれに方向を与えうるところのイデーが何であるかを問うていくことが決定的である、というのです。いま、「理念」という概念がそれだけ切り離されてくるということを問題にしましたけれども、逆に、「方向のない力」として「利害状況」を抽象的にとらえる結果として、内田は、大衆の生きている現実の生活状況から生まれてくる力を、方向のない無性格な力として説明してしまったのです。こういう発想がどんなにナンセンスなものであることか。その結果、「利害状況」＝「大衆の暴力」（この両者を等置することも問題ですが）そのものが、きわめて抽象的な概念になってしまったのです。

しかし、「大衆の暴力」というものは、方向性がないので、しかるべき理念をそれに与えてやって、どちらかの方向に行かせなければならない、なんぞという、そういうものでは決してないのです。社会的な力というものは、力として存在することにおいてすでに、必ずある一定の方向に向いているのです。もちろんその場合、「大衆」の暴力であれば必ず歴史を前に進める方向に向いている、なんぞと甘く考えるわけにはいかないのですけれども、そこに力がある限り、その力が社会的な場における現実として存在している限り、すでに必ずどちらかの方向に向いてしまっているのだ、ということは、言っておく必要があるのです。

つまり一方で、「理念」なるものがそれ自体として切り離されてしまったから、力を持たない方向性などという奇妙なものにされるのに応じて、他方では、大衆的な現実もそれ自体として抽象されるから、方向のない力という、これまた奇妙な化け物にされてしまうのです。従って大衆の生きている現実の生活状況と言いながら、実際には、それを無方向的な力と言うことによって、それが非常な抽象理念の中に吸収されてしまう、ということなのです。だから、これをマルクスのいう「土台」と対比させることなどできるはずもないのです。これらのウェーバー学者たち、さらに、必ずしもウェーバー学者ではなくとも、イデオロギー的にこの種の発想は広く「大学的」文化人のなかによどんでいるのですけれども、これら「学者」たちに対して批判しておくべきことは、このように設定された「利害状況」と「理念」との関係を我々なりにどう説明するか、ということが問題なのではなく、このように設定された「利害状況」なるものが、すでにきわめて抽象的な設定でしかないから、彼らはマルクスが唯物史観の問題として論じている事柄にはおよそふれてくることはできないのだ、ということなのです。

このように設定された「利害状況」なる概念が、どのように漫画的になっていくかは、もはやわざわざふれる必要もないようなものですけれども、「経済史」学者大塚久雄が、「利害状況」という概念のもとに、次のようなことを考えているとすれば、やはり指摘しておいたほうがいいだろうと思うのです。

これはもう、経済学者がこういうことを言うとすれば、唖然とせざるをえないのですが、大塚は、『社会科学の方法』のなかで、このウェーバーのせりふを長々とひきまわしたあとで、「理念」のつくり出す「世界像」を、「将来への視点を含んでいるような理念」＝「思想」と言いかえ、「こうしたヴィジョンが未来へさらに伸びて、ついに来世までがそのなかに入ってくるような壮大な規模に達しますと、それが宗教となる」と、彼の精神的聖域であるキリスト教の方に徐々にひきつけておいて、そこから一挙に飛躍し、パウロ宗教の護教的弁明にとびこんで参ります。

すなわち彼によると、パウロ宗教は「来世をも含む壮大なヴィジョン」を持っているそうなのですが、その「ヴィジョン」（こういう時になると片仮名語を導入してくる神経が言語感覚の問題として追及されねばならないが、それは、経済学者一般の通弊だ、とだけ言っておこう）のなかに、「自分をとりまく内的、外的な利害状況が包みこまれている」のであり、従って、パウロなる人物は、利害状況を無視しているどころか、それを包みこみ、それに正しい方向性を与えようとしている、というのです。このことの証明として彼が引用してくるのが、例のピリピ書三章五節以下でパウロがたんかを切っている個所で、「しかし私は、今あげたような、自分にとって利点であったものをみな、キリストの故に、無駄であると思うようになった。実際、まさに主キリスト・イエスを知る知識が何にもまさってすぐれているので、一切のものが無駄であるとすら思っているのである。キリストの故に私は一切を失ったのだが、キリストを獲得するためには、これら一切のものは、ちりあくたにしか思えない」というせりふなのです。

だいたい、宗教的に熱狂した意識のなかで、「一切が、一切が……」と興奮してアジっているせりふを、額面通りに受けとって、それを経済学的な「利害状況」の概念の説明に用いる、というのがすでにどうかしているのですが、ここで「損」とか、「得」（「無駄」「獲得」「利点」と訳しておいた）とかいう単語が出てくるから、というだけの理由でもって、パウロは「利害状況」を無視していないのであってむしろそれを包みうる思想を持ちえたというのでは、いくら何でもひどすぎますよ、経済学者がこういうことを言ったのでは。

実際のところ、パウロがここで、かつて「利点」と思っていたこととして数えあげていたことが何であるかというと、ユダヤ人社会のなかにおいて律法学者として彼が持っていた尊厳なのです。正規の日に割礼を受けたこと、純粋なユダヤ人の血統であって、そのなかでも家柄の良さを誇りうるベニヤミン族の出身であること、思想的にもユダヤ教正統のパリサイ派のなかで純粋培養されてきたこと、要するに、伝統的ユダヤ主義者としてかかえこんでいたもっとも高度な――高度な、というのは、つまり、もっとも抽象性の度合の高い――宗教的観念性を血統の正しさとして誇っていたのです。こういう強度に観念的な部分を、パウロは、ユダヤ教から、もう一つのより一層観念的な度合の高い宗教であるキリスト教へと転向していった時に、かつて自分がかかえこんでいた宗教的観念性は無駄にしかすぎなかったとふり返って述べているのです。

このように一宗教者がまさに個的実存の領域で、観念的に疎外していった宗教性から宗教性へのわたり歩きを、一人の経済学者がそこに「損」という単語が出てくるからウェーバーのいう「利害状況」と同じだろう、などというのでは、もはや幼稚としかいいようがありません。もちろん、この種の宗教観念や、疑似宗教的民族的意識は、その宗教集団が正統主義として支配体制の補完物である限りにおいて、社会生活上の利害を各個人にもたらす、という現象は常にあるものです。強度な体制内イデオロギーに賛意を表しておくことが(「ヘブライ人中のヘブライ人」といったような)、その社会内での管理者的地位を保証するものです。その意味では、この種の観念と「利害状況」の関係は論じられなければならないのは確かですが、その場合でも、観念自体が利害状況なのではなく、利害状況のなかにこの種の観念が設定されてくる様相が問題にされなければならないのです。

しかしいずれにせよ、大塚久雄のように、これらの観念を「損と思う」といったパウロの言葉から、パウロは「内的、外的な利害状況を包みこんでいる」などと説明するのでは、もはや漫画でしかないし、おまけに当のパウロ自身は、「キリストの故に」それらの宗教的・民族的諸意識はどうでもいいことになってしまった、とひっくるめて放棄してしまっているのですから、「包みこんだ」などというものではなく、無視し、放棄しようとしたということでしかないのです。それがパウロのある種の感覚的鋭さを示すものであるにせよ。

これはもう、あまりにも幼稚で、漫画的でしかないのですが、これを幼稚だといって笑うことのできない「学者」が実に大勢いることを思うと、はだ寒くなります。一歩「専門」の「経済現象」の外に出ると、「利害状況」についてこんな漫画的なことしかいえない経済学者が、こと経済現象についても、「利害状況」という単語を用いている時には、まゆにつばをつけて聞かざるをえなくなるのです。

どうしてこのような幼稚さ加減に自足していられるかと申しますと、大塚久雄の場合ならば、自己の精神的聖域として切開されない、もしくはしたくない部分として暗闇のなかにふせてあるキリスト教護教精神がその理由なのです。彼のキリスト教的著作を読むと、経済学史において、あの緻密で

「高度な」学問性を誇っている人だけに、まるで別人のような幼稚さ、愚劣さに唖然とせざるをえないのですけれども、こういう精神的聖域を切開しないまま残してしまっているところから、「利害状況」という概念について、驚くべき横すべりを平気でしてしまうという結果が生じるのです。大塚久雄の場合は、それがキリスト教護教精神という形で存在しているのですけれども、自分はキリスト教とは無縁だから大丈夫だ、とほかの連中がたかをくっているとすると困るので、結局、ブルジョワ学者が専門領域を抽象的に囲いこんだ時には、必ずやこの種の切開されない暗部が聖域として残ってしまう、と言っておかねばなりません。

三

以上の論議から、大塚久雄を中心に流れているウェーバー受容の一つの発想の特徴を何ほどか浮彫りにしえたと思うのですが、同種の発想の例として、内田芳明が「ヴェーバー的問題」という概念で処理しようとしている事柄を、ここで並べてみることにします。

先ほどちょっと引用した『展望』三月号にのった文章なのですが、「講座派マルクス主義のヴェーバー的問題」という表題のものです。内田は最近この主題について熱心で、すぐ続けて、『思想』の四月号にも同じ題を今度は副題にして書いています。前者が野呂栄太郎と羽仁五郎について、後者は服部之総についてです。それから、先に紹介しました大塚久雄ほか編の『マックス・ヴェーバー研究』

（岩波書店）の中で、「経済と宗教——階級理念の階級的制約性の問題」という題で発表している論文、以上の三つを主として頭におきながら、内田芳明におけるウェーバー受容を問題にしていってみようと思います。

何故主としてこの三つを頭におくかというと、はじめの二つはごく最近のものだから、という理由もありますが、ウェーバー学者内田芳明が、マルクスの思想もしくはマルクス主義の思想とウェーバーの思想とを比較して論じようとしているものですので、そのあたりに手をつけていくところから、だんだんと、ウェーバー学者の歪曲されたマルクス理解という我々の主題に立ち入っていくことができるのではないか、と思うからであります。

要するに内田芳明が「ヴェーバー的問題」と名づけている問題がどういう問題であるかと言いますと、第一に、「後進ドイツの歴史的・個性的問題」は——ということは、イギリス、フランス、アメリカなどの先進資本主義諸国に対して、ということですけれども——それは、「マルクスの普遍化理論だけによっては完全には解明しえない性質のもの」だという認識をウェーバーが持っていた、というのです。つまり、マルクスは資本主義についての普遍的な解明はなしたけれども、それは先進資本主義諸国の場合を典型的な例として、そこから資本主義についての普遍的な認識をもたらしたのであって、それに対して、たとえば後進ドイツの歴史的特性などに切りこんでいくところの認識は、マルクスからは出てこないのだ、というわけです。そして、こういった、後進ドイツの歴史的、個性的問題を扱う、といった問題意識に、「ヴェーバー的問題」と名前をつけて、扱ってみようとしたのです。

しかし内田のこの「ヴェーバー的問題」という発想は、二つの点で決定的に駄目です。まず根本的な点として、後進ドイツの歴史的、個性的な問題を扱う、という類のことは、これは当然やらなければならない問題です。我々ならば、先進資本主義国の場合に対して、やはり日本の後進性というものをつねに何ほどか問題にしていかなければならないのです。もっとも、日本資本主義の問題を論じていく場合、現時点においては、後進性という角度からだけ論じていても仕方がないので、他方では、非常に先端的な帝国主義の問題として見ていかなければならないのですが、ともかく、日本資本主義の立っているところの歴史的個性的な現状況をつかんでいく、という作業がおこなわれなければならない。これはもう、当然のことなので、誰でもがやらなければならないことです。その当然の課題に、わざわざ「ヴェーバー的問題」と名前をつけなければ扱えない、というウェーバー学者の神経が駄目なのです。ウェーバーが言おうと言うまいと、後進社会の歴史的固有性の問題に取り組むのは当り前のことなので、これは「ヴェーバー的問題」でも何でもない、歴史的個性の問題なのです。そして、その取組み方は多種多様であるはずです。ウェーバーはその取組み方の一つを提供したにすぎないので、後進社会の歴史的固有性を明らかにしなければならない、という課題と、それを探究したウェーバーの独自の視点の妥当性を主張することとは、水準の違う問題なのです。それを同一視するから、逆に、後進社会の歴史的固有性をウェーバーの見たようにしか見ることができない、という結果になるのです。こういう神経が批判されなければならないのです。だから結局は、ウェーバーの言っていることを焼き直せば後進ドイツの歴史的特性をとらええたと思ってしまうのです。

これと相まって出てくるもう一つの欠点は、マルクス理解です。これはもうお粗末きわまりないので、マルクスは「普遍化理論」しか言っていないので、歴史的個性を見る眼がない、などというのでは、この人はまるっきりマルクスを読んだことさえないのかと思えるほどです。もしも、マルクスが後進ドイツの歴史的特性を論じているその論じ方が納得できないので、それに対して批判する、というのならば、話としてはわかりますよ。しかし、マルクスが後進ドイツの歴史的特性について論じる問題意識がない、などと言うのでは、ひどすぎます。

実際には、マルクスがことドイツに関してものを言う場合には、いささか強調しすぎるくらいに、くどすぎるくらいに、ドイツの後進性を問題にしているので、ドイツのドの字を言えば必ずその後進性を言わなければ気がすまないくらいに、マルクスはそのことを問題にしているわけでしょう。それをまったく知らないかの如くに――知らないはずがないのですよ、内田芳明のように大学で経済史を教えている人物が。知らないとすれば、それこそウェーバーだけ読んでいれば社会科学の教師がつとまると思いこんでいることになるわけで（実際ウェーバー屋にはそういう手合いが多いのですが）、絶望的に怠慢だと言わねばならないのですが、もしもまた、知っていてこういうことを言っているとすれば、これはまたもう一まわり悪質なので――つまり自覚的に嘘をついていることになるわけですから――日本の現状の中でどういう仕方でマルクス主義に反対するイデオロギー的な操作をしてやろうかというどす黒い悪意を感じるわけです。自覚的にマルクスについて誤った、極度に矮小化された像をふりまいて歩いているわけですから。

内田芳明が怠慢な無知なのか、悪質な嘘つきなのか、どちらだか知りませんが、ともかく、マルクスが後進ドイツの歴史的特性について論じている、などという事例は、わざわざここであげる必要もないくらいのものです。しかしまあ敢えて申し上げるとするならば、ごく初期のもので言えば、例の『ヘーゲル法哲学批判序説』という文章があります（一八四四年）。あれは要するに、後進ドイツのまさに後進性の問題にピンからキリまでかかずらった論文ですよね。初期マルクスのそのかかずらい方がどこまで正しく、どこまで正しくないか、という批判はなしうると思いますが、ともかくその問題にかかりきった論文であるのは確かです。あるいはもう少し後のものを探すと、たまたま昨日ちょっとマルクスの文献をひっくり返してみてどこかひっくり返してみればすぐ見つかるだろうと思ってこうやってパッとあけてみたらあった、あった（笑）という感じですけれども、たとえば、「新ライン新聞」にマルクスがかなり寄稿しているわけです。その中で、一八四八年の十一月十二日号、「ベルリンにおける反革命」という題の文章をのせている。これは、あの一八四八年の革命・反革命の激動の直後に書いているものです。

「パリからは、ガリアの雄雞がまた再び、ヨーロッパに向って夜明けのときをつげるだろう。しかし、ベルリンでは、反革命が妥協する。ベルリンにおいては、一切が妥協する、反革命でさえもが」と述べたあとで――ベルリンという語でドイツを代表させているわけですが――反革命にさえ見られるドイツの後進性の特徴を論じていくのです。「ナポリでは、乞食層が王朝と結合してブルジョワジーに対立した。パリでは、空前の大きな歴史的闘争があった。ブルジョワジーが貧民層と結託して、労働者階級と対立したのだ。ウィーンでは、反革命に自らの解放を期待した諸国民層の大群があった。それに加えて、労働者と知識人集団とに対するブルジョワジーの秘密の奸計がくわだてられた……。」つまり、反革命の状況のなかでも、それぞれの国で、こういう対立がそれぞれの国の状況にあわせて生じて、歴史を動かす力になっていくのに、ドイツでは「反革命すら妥協する」と、いわばなしくずし的につぶされ、愚劣になっていく自分の国の状況を歯ぎしりするような調子で書いている文章です。まあ、ついでに、「東京では一切が妥協する」てなことをつけ加えたくもなりますけれども(笑)。

こんなような文章は探せばいくらでもあるのですよ。それこそ「素人」の僕だって——素人というのは、社会科学を看板にして大学で飯を食っているわけではない、という意味で、社会科学を知らないという意味でありませんが——ちょっとこう頁をひっくり返せばすぐに見つかるものです。それを全部無視しておいて、マルクスの普遍化理論ではドイツの後進性を説明するものは何もない、などと言ったのでは駄目なのです。こういうあたりに日本ウェーバー屋の問題があるのです。

内田芳明が「ヴェーバー的問題」としてあげている第二点は、これと非常によく似た問題ですが、アジア的後進社会の歴史的現実を扱わなければいけない、ということです。確かにマルクスは、アジアの問題について極めて僅かしか論じていませんし、彼が「アジア的生産様式」という概念で言っていることはある意味で非常に曖昧なものです。非常に曖昧だからまた議論の種にもなるのでしょう。その点をマルクスが十分に解明しえていないということは確かにそうだけれども、これはまたある意味では当り前なので、それはマルクスのする仕事ではなく、我々が自分でやらねばならない仕事なのです。アジア的後進社会の歴史的現実を扱っていくという課題は、我々自身の当然の課題なので、それをしも「ヴェーバー的問題」と名づけなければならないとすると、いい加減にしろよ、と言いたくなる。羽仁五郎がアジア的生産様式の問題を扱ったのだが、これは、マルクス主義者羽仁五郎がマルクス主義だけではやりきれなくなって、「ヴェーバー的問題」に足を踏みこんだのだ、というのが内田芳明教授の説明なのです。アジア人がアジアの問題を扱ったらウェーバー的だ、などといわれたのでは、もはや申しあげることもございません、という感じで、この第二点に関しても、第一点と同様、内田は、後進社会の歴史的固有性という一般問題と、それを探究したウェーバーの独自の視点とを混同しているにすぎないのです。

第三点は（内田はもう少し多様にまとめているが、ここでは彼が主要に問題にしている点のみ扱う）、先ほどから論じている理念と現実の関わりの問題にふれてくるのですが、「西欧的普遍文化諸原理」がこれら「後進的歴史現実」つまり日本などの中にはいってくると、それがどのように変容していくか、ということです。たとえばマルクス主義であるとか、キリスト教であるとか、西欧の民主主義、自由主義だとか、そういうものが、たとえば日本にはいってくると、どのように変容していくのであるか、という問いです。

内田がこの長い論文で比較的大きな関心を持って実証したかったことは、マルクス主義が日本にはいってきて、たとえば講座派などの場合に、日本社会の「後進性」にあわせて、どのように屈折、変容しているか、ということであったようです。これはある意味では、つまり、思想と現実との関わりという問題意識から、はなはだ興味のある問題です。もっとも内田は、これにも「ヴェーバー的問題」と名前をつけてしまいます。この名づけ方に対する批判は、第一、第二点で述べたことと同じことになるのでやめておきますが、このように名づけることによって、彼は、せっかく設定した興味ある課題についてはほとんど論じることはせず、この点についても日本講座派は「ヴェーバー的問題」を意識せざるをえなかった、といって喜んでいるにすぎないのです。

つまり、野呂栄太郎が「科学的史観」というものを説明して、「経済・政治・文化の全機構をその歴史的発展の具体的相互連関性の上に、科学的・体系的・弁証法的に認識せること」である、と言っている一文をひいてきて——たったこれだけの短い文章ですが——、日本講座派は経済だけではなくて、政治も文化も、つまり上部構造に属するものも、科学的に分析しなければならない、と言っているではないか、ざまあみろ、彼らはマルクス主義だけではやりきれなくて、「ヴェーバー的問題」に足を踏みこまざるをえなくなっただろう、やはりウェーバー様はお偉い、てなことを主張しようとしたのが内田の「論文」です。

経済だけではなく、政治や文化も総合的に、相互に関連させなければいけない、と言っただけで、ウェーバー的である、などとレッテルをはられたのではやりきれません。論じなければいけない、というのはまだ課題の提示にすぎないので、それをどう論じていくかという内容においてはじめて「ヴェーバー的」であるかどうかがわかれてくるはずなのですが、その内容については、内田はまず何も論じていないのです。

〔註〕 内田氏のために多少弁護しておくと、野呂栄太郎については結局右の程度のことしか言いえていないにせよ、羽仁五郎については、どのようにウェーバーの影響を受けているかを綿密に指摘しえている。氏族的諸関係の残存について羽仁がウェーバーから学んだ、という指摘がそうである。もっとも、アジアの問題を「近代化の不徹底」という観点からしか見ることができず、それを「古代から現代にいたるまで」の一貫したアジア的特色とみなし、その意味で「アジア的」ないし「アジア的生産様式」の概念が「方法概念」として羽仁によって用いられた、ということを内田はほめあげ、これもウェーバー的問題意識の継承だ、としているのであるが、それだけのことでは「ヴェーバー的」というのはあたらないし、また、アジアの問題を「近代化の不徹底」「アジア的停滞性」という視点からしか扱えない、ということは、批判さるべき甘さではあっても——その点では羽仁は西欧志向型の近代主義者なのであり、その点でまた、日本ウェーバー屋たちの共感を呼ぶのであろう——決してほめるべきことではない。いずれにせよ、羽仁五郎のようなつぎはぎ焼き直しの名人がウェーバーからも相当程度発想を借用している、ということを証明してみたところで、そこから、マルクス主義の問題意識だけでは不十分なので、ウェーバー的問題意識が必要だ、などという一般的結論を導き出すわけにはいかない。

つまり、内田芳明の理解するマルクスとは、じつに単細胞的な頭脳の持主で、「歴史の現実過程が経済だけで動いている」とみなす単純な経済決定主義者であるらしいのです。「ヴェーバー的問題」などという発想がいかにマルクスを歪曲してしまうか、というよりも、マルクスを矮小にとらえる発想（これは狭い意味でのマルクス理解だけでなく、歴史的現実の理解そのものの姿勢に関わる）の上ぬりとして出てくるのが、以上申し上げましたような滑稽な「ヴェーバー的問題」というようなウェーバーを聖典化する発想なのだ、ということです。

この点について理論的な側面から論じているのは、『マックス・ヴェーバー研究』にのせた文章です。内田はここで、今の問題意識を次のように言いかえています。つまり彼は、ウェーバーとマルクスを比較しつつ、「ヴェーバーの宗教社会学研究においては、まさにマルクスの理論、歴史理論が提示した巨大な課題、すなわち上部構造・下部構造の関連を基軸とする歴史文化の総合的体系的認識という課題が十分に受けとめられている」と言います。

我々が問題にしなければならないのは、内田と一緒になって、ウェーバーがマルクスの理論を十分に受けとめたかどうかを議論することではなく、ここで内田がとらえた「マルクス理論」なるものはすでに極めて歪曲されたマルクスなので、そのようなものをウェーバーが十分に受けとめたかどうかを論じてもはじまらない、ということです。相変らず、その歪曲の仕方が問題なのです。

内田は続けて、「ヴェーバーの宗教社会学はマルクスの歴史の体系的構造理論をまさに批判し克服する」と宣言して、その理由を二つあげるのですが、「第一は、下部構造（土台）が上部構造（観念世界）を規定する、というマルクスのテーゼは、決定的に重要な点で妥当しないことがありうる」というので、だから第二に、「歴史や文化の変革の理論」についても、マルクスは、ウェーバーのように、歴史や文化の変革に対して、思想や「観念的な意味」が果している先導的な役割を認めることができないでいる、というのです（二八四頁以下）。

これなど、マルクス自身を読まないで、マルクスを教条的な図式で判断してしまった典型的な例なのですが、思想と現実の関係についてマルクスが述べている文章の中から、ほんの数行でその理論の基礎的な方向を言い切っている言葉を拾っていくとするならば、つまり、教科書に紹介されるような短い命題となっているせりふを拾ってくるとするならば、「人間の社会的存在が人間の意識を規定する」とか、「特定の社会的意識の諸形態は土台に対応する」といったような、非常に根本的な、ごく基礎的な認識だけしか拾いあげてくることはできないのです。

もっとも、マルクス自身、要約された根本認識としてものを言い切る場合には、その理論の一番根幹的な部分しか言わないのですが――これは当り前なことです――、だからといって、マルクスがその要約された根本認識だけをただ反復して言っているだけにすぎない、と思うとしたら、とんでもない間違いなので、この、意識や理念と土台との関係、思想と歴史的現実との関係などについて、直接に理論的に根本的な認識を要約している個所以外にも、いくらでも個別の問題として論じていっているので、ただその場合には直接的な（短く教科書に引用できる、という意味で）仕方で論じているというわけではない、というだけでのことなのです。個別の歴史的事件や一定期間の歴史の流れを追求していく場合にまで、マルクスが、おおむねのように、土台が上部構造を規定したのだ、とただ反復していると思いこむとすれば、およそマルクスを知らない、と言わねばならないので、一定期間の歴史の流れを記述していく場合には、思想や理念がどのように歴史の流れを規定していっているか、ということも、マルクスはその都度その都度鋭く洞察しえているのです。自分の生きている時代の歴史的状況に対して革命家として切りこんで行った人間が、その程度のことさえわからない、などということはとてもありえないことです。

だから、マルクスが、観念的な上部構造について直接理論的に言及している文章だけをいくらひねくりまわして「解釈」してみたところで、個別の歴史状況において諸観念がどのように力を持って働いていたか、ということについてのマルクスの識見は、見出すべくもないのです。そういうことは、一般論として述べるべきことではなく、個別の状況の描写を通してしか論じられないことですから。一般論として論じうるのは、もっと根本的な認識に属する部分なのです。その意味では、「社会科学」を看板にして飯を食っているウェーバー学者諸氏は、もう少し丹念にマルクスの歴史的状況に対する発言を読んだ上でものを言ってくれ、としか言いようがないのですが、ここでは一例として、一八四八年の革命について論じている『ルイ・ボナパルトのブリューメール第十八日』をとりあげてみることにします。

『ブリューメール第十八日』の第一章の書きはじめは、例の非常に愉快なせりふから始まります。

「ヘーゲルはどこだったかで、『すべての大きな世界史的事実と人物は、いわば二度現われる』、と述べている。しかしヘーゲルはこのせりふに、その一度目は悲劇で、二度目は茶番だ、とつけ加えることを忘れたのだ。」

この、一度目は悲劇で二度目は茶番だ、という発想は、初期の『ヘーゲル法哲学批判序説』の中でもすでに出てくるものですけれども、この「二度目は茶番」と彼がいっていることの意味を追求していくと、大きな歴史的事件の中で、ある一定期間、どのように観念が歴史的事件を導いていくか、ということの極めて面白い実例が見えてくるのです。

この言葉に続けて、たとえば、ルターの宗教改革の場合には、原始キリスト教のパウロ像を二番煎じとしてかつぎ出し、一七八九年から一八一四年までのフランス大革命の場合には、かつてのローマ共和政と帝政とが一つの手本になる像として存在し、そして今度は、一八四八年の革命に際しては、一七八九年や一七九三年から九五年の、つまりフランス大革命からナポレオン帝政に移っていくまでの出来事が下敷に敷かれることになった、と指摘して参ります。それにつづけて一八四八年の革命がどういう仕方で一七八九年の「二番目の茶番」なのかを分析しはじめるのです。

彼の文章はいつも美しい詩になっているのですが、このようにして、すべての革命において「死人のよみがえり」――過去の歴史が理念として現在に復活していること――があるのだけれども、これらの革命の状況において「死者の亡霊」がよみがえるのは、「新しい戦いに栄光を与えるためなのであって、古い戦いを焼き直すためではない。……革命の精神を見つけ直すためなのであって、革命の亡霊を再び歩きまわらせるためではない」と唱いあげつつ、そう言っておいて、彼が身近にこの数年間体験してきた「一八四八年から五一年にかけては、古い革命の亡霊がうろつきまわっていただけだ」ときめつけるわけです。

ここでマルクスが、「死者の亡霊」という言葉で指摘しているものこそ、歴史の流れに働く観念の問題としてとりあげられねばならないことなのです。「観念」とか「上部構造」という単語が用いられていないから、そういう問題には関係がないのだろう、などと読みすごされては困ります。過去の歴史がつくりだした一つの典型的な像を現在の歴史的状況も動かす力としてかつぎ出すとすれば、それはもう明瞭に、一つの理念によって歴史を動かそうとしていることになるのです。実際また、そのようにして相当期間、歴史というものは動くのです。

一八四八年から五一年までの革命的な激動期の歴史を、こういう意味で、観念が歴史的現実を領導していた時期としてマルクスが見ていた、と知ったならば、マルクスといえば、土台が上部構造を規定する、というせりふしか知らないウェーバー学者はびっくりするでしょうけれども。

もちろんマルクスは、このように「革命の亡霊がうろついていただけ」で歴史が終るとは思っていないので、一八四八年の革命もいまのところそれだけのものにしかすぎなかったように見えながら、その先の展開こそが本質的なのだ、と展望して参ります。十八世紀の政治革命、ブルジョワ革命に対して、「十九世紀の社会革命は、その詩を過去から汲みとってくるのではなくて、未来から汲みとってくる。過去に対するあらゆる迷信を消し去ってしまうまでは、自分の本来の作業をはじめることができないのだ」と宣言し、ブルジョワ革命と違って、「プロレタリア革命は常に自分自身を批判する。自分の道を進みながらもたえず中断する。外見上完成されるもの（過去）にもどって来るかと思うと、また新しくはじめていく……、ついには、もはやいかなる後もどりも不可能な状況に行きつくまで」と述べるのです。

このような展望の中におきながら、マルクスは、一八四八年以降の革命から反革命の状況において、どのように過去の亡霊がこの時期を覆いつくしたかを分析していきます。それが『ブリューメール第十八日』の記述なのです。ここには、だから、歴史記述の鋭い方法が貫いているのです。この文章のなかに自分の時代の政治状況に対して、ほえ、たけっているマルクスの声とともに、歴史認識の徹底した方法を読みとれないとすれば、それは読む側の歴史意識の欠陥だと言わねばなりません。

プロレタリア革命は、ブルジョワ革命みたいにカーッと燃え上がってバンといくような、そんなものではないのであって、このように自分自身を批判する。立ち止まり、後もどりするかと思うと、またやって来る、しかし最後にはもはや決して後もどりしない地点まで行くのだ、という展望の中で、そのジグザグの最初の時期においては、過去の亡霊が歴史状況を支配することがあると認め、そのことの実例として一八四八年から五一年の状況が考えられているのです。歴史的過去からきざみ出されてきた革命や反革命の理念がまずとりあえず状況を支配する。そういうことは、ジグザグの初期の段階では何度でも現われる。しかしついには、歴史的過去からきざみ出されてきた理念では処理しきれなくなり、現在の現実が、その社会構造の土台によって規定されているものとして赤裸々に見えてくる。その現在の現実を最後には克服していくのが、「その詩を未来からくみとるプロレタリア革命」だ、というのです。

マルクスのこのような具体的な、綿密な歴史記述を読んでいく時に、内田芳明あたりが、マルクスは「歴史や文化の変革」に関して、「思想的、観念的な意味」が果す役割を見ていない、などというマルクス理解がいかに嘘であるかがわかってくるはずです。もっとも、マルクスをよく読んでいるはずの内田が、なぜこういうことが見えてこなかったかというと、結局、彼のなかで聖典化している「ウェーバー的問題」の水準でとらえられた観念と現実の関わりのなかでは、こういう歴史的緻密さがもれてしまうからだと思うのです。観念が歴史的現実を領導する場合がありうるということを、ウェーバーから借りてきた抽象論としてふりまわしていると、観念が歴史的現実を規定する、という事柄そのものが、まさに、歴史的烙印を押された事柄なのだ、ということを忘れてしまって、マルクスのこういう歴史的な分析に目がとどかないことになるのです。

もちろん『ブリューメール第十八日』の中でもマルクスは、根本的な認識としては、土台が上部構造を規定する、ということをたえず読者に思い出させようとしています。たとえば、一八四九年におけるる王党諸派の連合（秩序党）に関して、オルレアン派と正統王朝派の連合と分裂は、何も、「めいめいの支持する王家に忠誠を誓っている」からではなく、彼らを支えている下部構造、すなわち「ブルジョワジーを二分している二大利害集団――土地所有と資本」の二つの力の結合と対立の問題なのだ、と指摘しています。『経済学批判』の序文のなかに出てくる言葉と非常に類似した表現でそれが説明されるのですが、「ひとは、私生活では、ある人間が自分について何と考え、何と言うかということと、かれが実際に何であり、何をなすかということとを、区別するものであるが、歴史上の闘争においてはなおさらのこと、党派が唱えることと思いこんでいることとを、その実体およびそれの実際の利害から区別し、その観念をその現実から区別することが必要である」というわけです。

けれどもまた、表層の個々の出来事については、いかにこういう観念が出来事を規定していくかもきちんと見ているのであって、この秩序党が内閣をつくる一八四八年末の事件に関しては、「どこからどこまでも灰色にえがかれた歴史の一こまがあるとすれば、それはこれである。人間と事件とは、肉体を失った影として現われる」と述べているのです。「肉体を失った影」すなわち観念によって、人間と事件とが専有されてしまう、というわけです。もちろん、本質的には、人間と事件とが肉体を失った影である場合があるなどとは、マルクスは思ってもいないのですが、現われ方としてはそういうふうに現象しつつ、歴史的状況が推移していくことがままあるのだということを、マルクスは、個別の例にわたって細かに追跡していくのです。

こういう形で「過去の亡霊を復活させる」ことは、我々の現状況の中でもたえず生じることです。六十年安保において、戦前戦中のファシズムの復活をおそれた人々が、「平和と民主主義」の旗のもとに数多く吸収されていったことは記憶に新しいことですし、いまだにその理念からしかものが見えない部分が相当数残存しているにしても、この場合の「平和と民主主義」はまさに過去の亡霊を裏返した理念にしかすぎないのです。それは国民のかなりな部分を実際に動かし、岸信介を退陣に追いこんだものでしたけれども、人々が岸信介に象徴される日本ファシズムの亡霊と取り組んでいる間に、日本帝国主義は高度成長に向かってその基盤を再編成していったのです。――七十年の闘争においても、我々は、そのどこまでが観念が歴史を領導した部分であったのかを総括しておく必要があります。もちろんこの場合、観念は必ずしも「過去の亡霊」という形で現われるとは限らないのですけれども。そして、歴史の表層を動かしていく場合（それは時として数年にわたる激動期であり、時として数十年にわたる動と反動の期間でもありますが）、観念が歴史を領導していく、ということは決して避けるべきことではないし、避けられることでもないのです。

革命家の中には、常にレーニン像をいだきつつ活動している人は多いでしょうし、もっと狭い領域でいえば、宗教批判をばねとしていった私の仲間たちは、多かれ少なかれ、自分たちの活動をイエス像に重ねあわせていったものです。しかし必要なことは、どの部分から先は観念によって歴史を領導することができないのか、という限界を知っておくことです。その限界を知る者のみが、その限界をつき出た地点で、「その詩を過去からではなく、未来からのみくみとる」ことになるのです。

だから、ウェーバー学者がウェーバーの研究にのみ依拠して、「思想的観念的意味」が「歴史を生み出す力の究極の源泉」(内田、同右、二八六頁)などとつぶやいている時に、その「思想的観念的意味」が、その都度都度の状況において、どのようにして歴史的現実から切りとられてくるか、つまり、時には過去の歴史の亡霊として、時には露骨に現在の「土台」からくる利害の言葉として、そして時にはそれを拒否していく「未来からの詩」として切りとられてくるか、という機構が見えてこないし、そして、それらの「思想的観念的意味」が一定期間歴史をひきまわすようでありながら、究極的には、「土台」の力によってひきすえられるという反復の過程が、見えてこないのです。しかし最後に生き残る観念は、その土台自体が変貌する先を見通す観念のみなのです。

以上のようなことがわかるためには、歴史的過程を具体的素材からつかみ返す作業が反復して必要なのであり、自己の現在の状況をもその歴史的過程の連鎖のなかにひきすえて見ていく視点が必要なのです。ウェーバーの「理念型」にうまく合致するかに見える素材を場当り的にあちらから拾い、こちらから拾いしてくるのが歴史の探究ではないのです。

〔註〕 ここでは十分に論じる余裕を持たないが、『プロテスタンティスムの倫理と資本主義の精神』において、ウェーバーが理念が歴史を領導したと見られるような部分を拾いあげていることについても、右に指摘した歴史的表層のジグザグを見る目

があれば、おのずと解けてくる問題なのである。

ウェーバー主義者の間で、どうしてこのようなマルクスに対する曲解が生れてくるかというと、もちろん本質的には、日本近代主義全体の土壌の中にマルクスがとりこまれていった、そのかかえこみ方の問題なのですが、ウェーバー主義者独自の問題としては、やはりこれらの諸問題を「ヴェーバー的問題」と名づけなければ扱うことができない、という姿勢に帰因するところが大きいと思うのです。

要するに、自分たちの生きている状況の現実から問題を切り出していく、という消耗な、しかしそれをはずしてはすべてが虚妄になる作業は逃げておいて、問題意識自体をウェーバーから借りてくるという姿勢を持続している限りは、ついに翻訳屋でしかありえないし、その翻訳紹介にしたところで、ウェーバー自身をも矮小化してしまうことになるのです。

彼らがウェーバー自身をも矮小化している例として、「専門化」の問題について大塚久雄が扱っている扱い方を一つとりあげてみます。おそらく、「ウェーバーと現代」という主題のもとで論じらるべき、またウェーバー批判の課題として論じらるべき、もっとも重要な主題の一つは、近代・現代社会における「専門化」の問題でありましょう。ウェーバー自身がこのことについて分裂しているのです。

『プロテスタンティズムの倫理と資本主義の精神』の一番最後のところで、ウェーバーは、専門化された現代社会について、極めて悲観的な展望を提示しております。これは御存じのところだと思うのですが、思い出していただくために、有名なところだけ引用いたしますと、「この文化的発展（こうした文化的発展、というのは、プロテスタンティスム、とくに主としてピューリタニスムその他によってつくりあげられてきたところの禁欲的合理主義に根ざした職業的専門化、およびその専門化によって生み出された文化的諸発展のこと）の『最後の人々』にとって、次のことばが真理となることであろう。『精神のない専門家、愛情のない享楽人、これら無益なるものは、人類のかつて到達しなかった段階に登りえたことを自負するであろう』」（阿部行蔵訳、河出版『政治・社会論集』二三四頁）。

ところが、一方で、職業が非常に専門的になっていくことについて、このように悲観的な展望をうちだしているところのウェーバーが、他方では、例の『職業としての学問』の中では、専門的な職業人としての学者たるべきことを意気揚々として描き出して——まあ、意気揚々というのは言いすぎかもしれませんが、ともかく、非常に積極的に「専門化」への勧誘がなされているのです。

どうしてこのように同じ問題について、まったく異なった、分裂した姿勢が見られるのか、ということなのですが、ブルジョワ的な学問性をぎりぎりのところまで追いつめた、従ってある意味では、近代社会の本質的な様相をその思想的な水準において最も鮮明に体現しているウェーバーにおいて、「専門化」の問題に対する姿勢がこのように分裂して現われるということの説明をもしもつけることができるとすれば、それは、近代社会のかかえこんだ問題性に切りこむべきすぐれた端緒となるだろう、と思うのです。「説明をつける」と申しましたけれども、ウェーバーの意図をどう説明するか、ということよりも、むしろこれは、ウェーバー自身の中にある亀裂なのですから、ウェーバー批判の手がかりにしていく、と言った方が正しいでしょうし、さらには、これはウェーバー理解の問題にとどまるのではなく、我々自身が現代社会の「専門化」の現象に対してどのように立ち向かうか、という問題なのです。もちろん、狭い意味でのウェーバー理解ということからするならば、『プロテスタンティスムの倫理』の方は書いているのが一九〇四年から一九〇五年ですし、『職業としての学問』の方は晩年の一九一九年ですから、その間の一四、五年の間にウェーバーが変化したのか、それとも、これは彼の中で本質的に克服できずに残り続けた亀裂なのか、ということは論じる必要があるのですが、事柄自体としてはそう簡単に克服できることではないのです。ウェーバー自身の中でもおそらくおよそけりがついていない問題なので、彼の、対象をつき放して冷酷に描きあげていく文章には、おのずと、自分は、その対象の世界つまり、近代資本制社会の極度に専門化の進んだ世界が彼の叙述の対象なのですから、その対象の世界には自分は埋没したくない、という感情と、それにもかかわらず、自分はその中で生きているので、その世界の掟を離れては生きられないというあきらめの感情、従ってますますそうならなければならないとすれば、むしろ積極的にその方向に動くことをも語りかけていくという、非常にペシミスティックな、むしろニヒルなとでも言いたくなるような感情が、感じられるのです。彼は決して大塚久雄のように、プロテスタンティスム、ピューリタニスムの世界を、憧憬や愛着をもって描いているのではなく、距離をおいて冷酷に描き出そうとするのです。徹底して「客観的」たろうとする彼の学問性に、この冷酷な距離を、そしてその距離を冷酷に保ち切ろうとする冷たくさめてニヒルな感情を読みとれなければ駄目です。

これはまた、ウェーバーに限らないので、ウェーバーなんぞ何も知らない私の友人の文学系統の大学の教師達の中にも、専門的学問に対するこういう分裂した姿勢は、まま見受けられるものです。近代的な学問研究の中で、ある程度以上の水準に達した連中ならば、むしろこれは、必ず持たざるをえないところの自己分裂なのです。俺はこれじゃなければ絶対にやっていけないよ、という、しかも今までそれでたたきあげてやって来たのだし、この専門的な実力に関しては誰にも有無を言わせないぞ、という強度な職人的自信と——私の場合で言うならば、共観福音書に関しては日本中どこの誰が言っても駄目だよってな、そういう自信ですね(笑)。一方では専門家としてのこういう自信を持ちながら、実は、俺だけじゃなくて、みんなそれぞれが自分の場所ではそれでやっているのだ、と、そしてこういうことでつきつめていく社会の姿というものは、まさにウェーバーのせりふの言う通りの「精神なき専門家、心情なき享楽人」の世界なのだ、と——これはもちろん、マルクスが『ヘーゲル法哲学批判序説』のなかで、「宗教は阿片である」というせりふを説明するのに、「宗教は、心情なき世界の心、精神なき状態の精神」だ、と言って批判している言葉にかけて言っているのでしょうけれども——精神なき専門家になっていく、ということについての強烈な悲哀が、今言った自信と一緒になって腹のなかで同居していて、こういう自己分裂はまず克服しえないものとしてかかえ続けていかねばならないのです。

ブルジョワ的な学問の専門家ならば、こういう自己分裂を知っていて冷酷にかかえ続けていく、という程度の質にまでは到達していてほしい、と思うのです。その水準にまで達していないで学問がどうのこうの悦に入っている大学教師は、まず愚劣です。私としては、せめてそうなってくれよな、と願う気持と、他方では、ここまで見事に見通すことができていて、しかも俺は専門家としてやっていくんだ、と居直った人間は恐ろしい、と思います。本当に実力を持った敵はそのあたりにいるのだろう、と思うのですけれども、それはさておき、大塚久雄のウェーバー理解に話をもどします。

さすがに大塚久雄は、読解力はあるから、「専門化」の問題に対するウェーバーのこの分裂を鮮明に指摘しております(『著作集』第九巻「現代における社会科学の展望」)。けれども、このあたりのところが紹介屋に終始する日本の学者の問題なのですが、紹介する段階ではかなり鋭い問題意識を言葉としては語りえても、さてその問題に自分で取り組む段になると、段違いな幼稚さに逆もどりしてしまうのです。つまり、ウェーバーのかかえているこの自己分裂は、分業の過程が資本制社会の高度の進展に伴って極度に「専門化」現象を生み出していったことの帰結なのですから、ウェーバーという一人の人間の思想が整理されきれずに矛盾したものをかかえてしまった、というだけのことではないので、近代資本制社会の存在そのものに深くくい入っている亀裂の反映なのです。だからこの矛盾は、本質的には、社会構造の基礎的な変革を経ずしては止揚できるものではないのですが、それを大塚久雄は、「ヴェーバーの一見まったく矛盾するようにみえる発言も、真実は矛盾でも何でもなく……、それを深く追究してみることが現代社会科学の展望にとって大きな意味をもっている」(一八二頁、傍点は大塚)と、この矛盾は外見上の矛盾なので、いわば、存在している現実に根ざしているのではない一種の虚像にしかすぎないので、それはかえって「社会科学」の展望を深めることになると、学問的展望の問題に——というよりも、実際は、「社会科学」者のものの見方の問題に帰してしまっているのです。一言で言えば、大塚久雄にとっては、この深刻な矛盾は全然存在していない。だから次に申し上げるような、おめでたいとしか言いようのない「解決」を並べて平気でいられるのです。すなわち、ウェーバーは全然そういうことを言っていないのに、大塚は、「専門化」現象を「理論的専門化」と「実践的専門化」の二つの領域に分け、この二つがばらばらになるから悲劇が生じるので、専門化現象自体が悪いのではないのだ、と言って解決しようとするのです。ウェーバーの『プロテスタンティズムの倫理』末尾におけるあの悲観的な調子は、専門化現象自体に内在する問題性を指摘するところから来ているのですが、それを大塚は、「理論的専門化」と「実践的専門化」との分離の問題に変えてしまった。これではもはや問題が虎と猫ほども違うのです。おめでたいというか、御幸福なというか。

いや実際、大塚自身が「幸福な」という表現を用いているので、「実践的専門化」と「理論的専門化」が仲好く協力しなければいけないのだが、そのためには、「実践的専門化」はますます専門化を進展せしめていき、その間をつなぐものとして、理論的分野は綜合的理論を求めていけばいい、「こうした実践的専門化と理論的総合化の幸福な結合」が将来にわたって保証されなければならない、というのです(一九六頁、傍点は田川)。こういうと難しいようですが、言っていることは単純、幼稚なので、要するに、実践家は専門にはげめ、理論家は実践家から学びつつ総合にはげめ、と説教しているだけなので、これでことがすむのならば、まったく幸福な話です。これが説教にしかすぎないということは、「この両者の結合を将来にわたって保証するもの」は、「新たな価値意識、新たな思想」なのであり、これをさらに彼は別の言葉で言いかえて、「内面的な精神性」つまり「宗教」の世界のことだ、と言うのですから、これはもう文字通りお説教なのです。

ウェーバーが「ピューリタンは職業人たらんと欲した、我々は職業人たらざるをえない」となげいたこと、つまり、ピューリタニスムの生み出した帰結（本当はピューリタニスムが生み出したわけではないのですが、ウェーバーによればその帰結）にウェーバーがなげいているのに、そのなげきは、信仰をお持ちになれば解決しますよ、と大塚が説教しているのですから、親に似ぬ子もいいところです。

もう少し厳密にウェーバーの言わんとするところを確定しておくと、今言いましたように、ウェーバーは決して、「理論的専門化」と「実践的専門化」の分裂、などということを言おうとしたのではないのです。『プロテスタンティスムの倫理』は御承知のように歴史的な分析をなした著作なのですが、そこで展開されていることのいわば理論的なまとめをある程度なしているのが、『世界宗教の経済倫理・序説』という文章なのです。ここに『プロテスタンティスムの倫理』の中で長々と説明しようとしたことを、一言でまとめているような文章が出て来ます。つまり、「本来の宗教的合理主義」は、「世界像」を徹底的に合理化することを目ざしたものなのだが、その結果面白いことに、「世界像ならびに生活態度を、理論的にも実践的にも……徹底的に合理化したものの近代的形態」に行きついたのだが、この近代的形態をとる合理化が進めば進むほど、逆に宗教の方は、「ますます非合理なものの領域へと押しこめられていった」というのです（河出版『宗教・社会論集』一三一頁）。

後半の、宗教が合理化の近代的形態のあとにたどった運命についての言葉は別として、『プロテスタンティスムの倫理』においては、このせりふの前半の、宗教的合理主義を出発点として、「世界像ならびに生活態度を、理論的にも実践的にも、同時に、徹底的に合理化したものの近代的形態」が生み出されていった過程を歴史的素材にあたって論証しているのです。だから、そこで出てくる「専門化」の問題は、決して、「理論」と「実践」の分裂というだけのことではなく、むしろ、「理論的にも実践的にも同時に」、つまり両者が統一的に、同時的に、合理化されていったことの帰結としてある、ということなのです。

これ以上は深入りしませんが、あれだけウェーバーをかつぎまわっている大塚久雄が、いったん、ウェーバーの指摘する問題を自分のものとして語りはじめる段になると、その問題自体もすりかわって、実に幼稚な水準にもどってしまう、ということなのです。このあたりにまさに、日本的知識人がいかにヨーロッパの思想の借り物だけでやってきたか、ということの典型的な実例が出てくるのです。それが日本ウェーバー屋の実態でしょうか。

四

最後に、そしてこれが本題なのですが、以上のようなウェーバー受容の姿勢を基礎にして、いわゆる「ウェーバーとマルクス」という形でかかえこまれるマルクスが、いかに歪曲されたマルクスであるかということを、大塚久雄が岩波新書で出した『社会科学の方法』でのマルクスの扱い方を批判する形で指摘することにします。これはかなりよく売れた通俗本だし、それだけに、これがふりまいたマルクス像は現代日本のイデオロギー状況のある面をかなり如実に反映していると同時に、そういう体制内イデオロギーの中にマルクスをすらかかえこんで骨ぬきにしてしまおうとする、まさに犯罪的な役割を果した本だからです。

結論を先に申しますと、「マルクスをすらかかえこむ」と言いましたが、もちろん、本質的にはマルクスをそのようにかかえこむことなどはできないので、むしろ、マルクスならぬマルクス像をふりまくことによって、人々の目をマルクスからそらしてしまう、という役割を、いわゆる大塚史学(以上見てくれば、それはウェーバーの焼直しにしかすぎないのですが)なるものが果してきた、ということなのです。

だから、問うべきことは、「マルクスとウェーバー」を両手に花で「幸福に」結合させるかどうか、いや、それはやはり不可能だ(当り前なことだが)、などという議論ではなく(もう少し手がこんでくると、内田義彦のように、「ウェーバーとマルクス」という中に、「ウェーバーかマルクスか」が含まれる、などと言い出すのですが——「日本思想史におけるヴェーバー的問題」、東大出版会発行『マックス・ヴェーバー研究』所載)、こういうところで議論されているマルクスは、つまり、日本ウェーバー学者がウェーバーと比較対照しうる水準でとらえたところのマルクスは、たとえ「ウェーバーとマルクス」という形でかかえこもうと、「ウェーバーかマルクスか」という形で二者択一におこうと、いずれにせよ歪曲されたマルクス像にしかすぎない、ということなのです。

大塚久雄が『社会科学の方法』の中で、マルクスの方法をどのように紹介しているかというと、たとえば、登山の際の地図の例を比喩としてひきあいに出すのです（六頁以下、三〇頁以下）。地図は山の具体的に生きた姿を捨象して、平面の上の黒と白の線だけにしてしまう、しかし、登山にはやはり地図が必要だ——という比喩で大塚が言おうとしていることは、実は、抽象化された像、抽象化された理論の必要性、ということでしかないのですが、この比喩でもって、大塚は、だからマルクスの理論も必要だ、と弁護しようとしているのです。ということは、大塚は、マルクスを抽象化された一般的理論としてのみ評価しているということなのです（先にふれた内田芳明の「マルクスの普遍化理論」という言い方と同じ認識がここに現われていることに御注目下さい）。

もちろん、学問的な抽象化は、一方では（あくまでも一方にしかすぎないけれども）常に必要でもあり、避けがたいことでもあるのですが——大塚は結局、この比喩からはじめて、マルクスのやったことは「社会運動のために地図を書くこと」であったのだ、と断定するのです。けれども、「そのなかでは人間諸個人を生きたままの姿ではなく、経済学的諸範疇の人格化としてのみ取り扱った。しかし、……（マルクスは）生きた諸個人をたんなる経済学的範疇の人格化として扱う、いわばもの扱いにすることがよいのだと考えていたのでしょうか」と問いを発しております。

これを平たく言い直すと、マルクス、特に『資本論』を読むと、それに出てくる人間は経済学的諸範疇の人格化ということでしか扱われていないように思える。つまり生きた人間としてでなく、人間がもの扱いされている。いったいマルクスは人間をもの扱いにすることがよいと考えていたのでしょうか、ということです。そして大塚自身は、マルクスを自分の好む方に引寄せて、いや、マルクスは決して人間をもの扱いするのがよいと思っていたのではなく、そういう側面を主として描きはしたけれども、やはり、人間を人間として扱う目を持とうとしたのだ、と弁護しようとするのです。このように大塚はマルクスを大塚流に弁護しようとしながら、そのあとにいつでも、「しかし」がつくのです。マルクスはそういう気持を持つには持ったが、しかし、それを十分にはなしえなかった、と。ところがそれを十分に展開したのがウェーバーである。だから「マルクスとウェーバー」を両方かかえこむのだ、というのであります。

この説明は図式的にわかりやすいし、わかりやすいので何ほどかの人気も持ったのです。けれども、マルクス理解とかウェーバー理解とかいう以前に、これでは問いの出し方がすでに間違っているのです。学問（社会科学）は、人間をもの扱いするのが正しいのか、それとも、もの扱いせねばならないことがあるにもせよ、生きた人間を人間として扱うのが正しいのか、というのが大塚の問いなのですが、しかし、生きた人間をもの扱いすることができるのは、学者の学問などでありはしないので、社会的現実の力がそれを強制するのです。学者がどちらかにきめてくれたところで、それで現実が変るわけではないので、社会的現実においてもの扱いされている人間は、学者が何と言おうともの扱いされているのです。どちらにするかを学問がきめるのではなく、学者にできることは、せいぜい、どのようになっているかという実態を明らかにすることでしかありません。学者がいかに、生きている人間がもの扱いにされるだけではいけない、と思ってみたとしても、だから学問は人間をものにはされない生きた人間にいたしましょう、などという力はないのです。つまり、学問としてはどちらにいたしましょうか、などと問うことができるのは、研究室のなかで文献の頁をめくっているだけのところでしか成立しない問いなのです。マルクスがもの扱いされた人間を冷酷に描き出したのは、そうしたかったからしたのではなく、資本制社会のなかに生きている人間の本質的存在規定がそうだから、そのように描かざるをえなかったのです。いわば怒りをもって描いている、とでも申しましょうか。だからそのことを転倒して、人間がもの扱いにされることをやめようと思えば、それは、「社会科学の方法」をひねくることによってなしうるのではなく、資本制社会の転倒によってしかなしえないことなのです。

マルクスがそういうことを言っているということは、それこそ赤子でも知っていると皆様方はおっしゃるでしょう。けれども、そのもっとも基礎的な認識を欠如したところで、「マルクスとウェーバー」を並べて合計しようとしているのが、大塚久雄の社会科学の方法なのです。従って、以上のように言えばあまりにも明瞭なことには違いないのですけれども、もう少し細かく説明しておく必要もありましょう。

たとえば、資本制社会においては、労働は、抽象的な人間の労働になっている、とマルクスは『資本論』の中で指摘しております。交換価値の抽象性へと吸収されていくからなので、だから労働力そのものが商品となってしまう。非常に平たく言い直せば、だから、資本制社会における労働者はもの扱いされる存在となっている、ということになります。ところが、これらの、労働が抽象的な事物になっているとか、労働力商品とかいう認識は、マルクス主義の専売特許のように思われているけれども、そうではないのであって、マルクス自身はそれを、彼の批判する国民経済学者から学んできているのです。『経哲手稿』の労賃を論じている章のなかで「国民経済学は労働を抽象的に一つの事物とみなす」と指摘しているし、それに続けてフランスの国民経済学者ビュレの言葉「労働は一つの商品である」を引用しております。このあたりまでは、すでに国民経済学が気づいていたことなのです。(もちろん、「労働は一つの商品である」という国民経済学の言い方を「労働力が商品である」というふうに訂正したのは、一つの認識上の転換なのですが、それはここでは論じません。)

この国民経済学の認識を、大塚久雄流に批判すると、国民経済学は、生きた人間の労働の関係を、物と物との関係にしてしまった、生きた人間を抽象的な、機械的な、経済学的範疇の人格化に仕立てあげてしまった、物化現象、疎外現象の中にとじこめてしまった、と言って非難することになるでしょう。実際彼は、このような意味で「古典経済学」は「疎外現象のなかを動きまわっているだけ」なのだ、と批判しているのです(二六頁以下)。

そして、マルクスのやった作業は「経済学」ではなくて「経済学批判」なのだ、ということの意味を、大塚は、古典経済学に対する自分のこのような批判と重ねあわせて理解しようとするのです。「物と物との関係とみえるところの現象を、それはじつは人と人との関係であるというふうに絶えず翻訳していくというマルクス独自の認識方法を無視しましたら……、古典派経済学への逆戻りになるほかはないでしょう。マルクスが〝経済学批判〟という副題を『資本論』にもつけているのは、……つまり、疎外現象の中を動きまわっているだけの経済学を批判して、経済の主体が他ならぬ人間であることを明らかにするのが自分の意図なのだ、そうした意味が……こめられているのではないかと思うのです」（傍点は大塚）。

こうして大塚はマルクスを、大塚的ヒューマニズムにからめとってしまおうとするのですが、これでは、マルクスが経済学ではなく経済学批判を、と主張したことの意味が全然まげられてしまうのです。そうではないので、このことは、ちょうど、哲学（主としてヘーゲル哲学）に対して哲学批判を主張していったマルクスの発想とのつながりにおいて理解しなければならないことなので、つまり「批判」という行為にこめられている意味がこの二つの場合に一貫している、ということを見なければならないのです。経済学批判とはおよそ大塚の言っているようなこととは違うのです。つまり、国民経済学が人間の労働をそのようなものに仕立てあげた、というのではないので、逆に、人間労働がそのように規定されているという社会的現実が国民経済学に映し出されていた、ということなのです。ブルジョワ的な学問性というものは、その社会の現実状況をそのまま無反省に鏡の如く映し出そうとするものです。その限りで、ブルジョワ的な学問は、相当程度綿密に行なわれるとするならば、その社会の実態を認識するためには、かなり貴重な手がかりも与えてくれるのです。ただし、鏡は鏡にすぎないので、映し出す操作でしかありえず、その社会の基礎構造がどうしてそうなっているかは、問うことができないのです。

政治経済学が貨幣の機能について現象的にはかなり緻密な観察をしながら、どうして貨幣なるものが存在してしまったのか、というその根拠をマルクスのように問うことはしなかった、という理由はそこにあります。その限りでは、ブルジョワ的な学問は、現実を映し出した像ではあるけれども、いわば無自覚に映し出しているので、必ず何ほどかのゆがみを伴った像になっているのです。だから、現実状況において人間の労働が抽象的な事物の如くになっているとすれば、国民経済学はそれを鏡の如くに映し出して、世の中はこうなっていますよ、と述べることになるのです。ただ、今言ったように、どうしてそうなっているかというところまでは追求しきれないから、概念も何ほどか不正確になる、ということなのです。現象的な表層を描写する概念しか学問的概念として提示しえない、ということなのです。

マルクスが「経済学批判」と言っているのは、こういう表層的な現象の鏡の如き反映にしかすぎない「学問」の水準にとどまっていてもしかたがないので、それを自覚的に批判して現象の根底にせまれ、ということなのです。人間をもの扱いにして見ていただけでは駄目なので、もっと生きた人間として見ましょうよ、などという「見方」の変更の問題ではないのです。

マルクスのなした仕事は、では何故人間の労働が抽象的な人間労働になってしまうか、ということの機構を全体として明らかにしようとしたのであって、その分析を通じて、一方では、古典経済学の提供する概念の曖昧さをつきつつ、他方では、さらに本質的に、そういう機構を成立させているところの資本制社会の現実そのものに対決しようとしたのです。それが経済学批判ということです。だからマルクスの経済学批判とは、国民経済学における(また政治経済学における)このような映し出しを現象せしめているところの現実基盤それ自体、国民経済学が成立する現実基盤それ自体、そこにまで国民経済学に対する批判の刃を貫き通して、その現実基盤自体を批判せよ、そこを撃て、ということなのです。

このことは、たとえば、『ドイツ・イデオロギー』でフォイエルバッハを批判している文章の中の一断片で（これは編集された古いテクストでは、「共産主義、交通形態自体の生産」という表題のもとに、整えられた前後関係の中におかれているが、実際には、もう少し断片的なノートである）、共産主義について説明しつつ、次のように言うところにも現われてきます。

「共産主義があらゆるこれまでの運動と異なる点は、それが、これまでの全生産関係と交通関係との基礎をくつがえして、あらゆる自然発生的前提を、はじめて意識的に、これまでの人間がつくり出したものとして扱い、その自然発生的性格という覆いを取り去って、団結した諸個人の力のもとに従属させる、という点なのである。……共産主義がつくり出すところのものは、まさに、諸個人から独立して存在するようなものの存在を不可能にしてしまう現実的な基盤なのである」（傍点は田川）。

この文章が何を言おうとしているかというと、資本制社会の中にあって、あたかも自然発生的であるかのように作用しているもの、つまり、生きた諸個人からは独立して存在してしまっているような鉄の法則も、その由来をただせば、これまでの人間たちがつくりあげてきた関係なのであり、そうだとすれば、我々としては、それをくつがえして、諸個人から独立して存在する力などはなくしてしまい、一切を団結した諸個人の力のもとにおく、そういうことを可能にする現実的基盤をつくり出すべきなのだ、ということです。そして、今支配している自然発生的前提と思われるものも、結局は、今までの人間がつくり出したものであるとすれば、それをくつがえす基盤も、当然我々人間が作れるはずだ、という主張なのです。

実は大塚久雄はこの文章にもほんの一言だけですが言及しております（『マルクス経済学における人間の問題』『著作集』第九巻一七三頁）。そしてここでも勘違いしているのです。つまり『ドイツ・イデオロギー』のこの文章は、「諸個人の主観をこえた客観的な法則として作用する階級諸関係の桎梏からかれらを解放する」ための「必要不可欠な社会科学的道程」を主張しているのだ、と解説しているのです。ブルジョワ学者である大塚久雄は、ついに、「社会科学」としてのものの見方、という範囲内でしか動くことができなかったのです。「経済学を媒介としてはじめて」、生きた人間諸個人が「真に具体的な姿で正確につかまれることができた」などとこの文章の意味を受けとってしまうのです。しかし、社会科学的認識を確立すれば、生きた人間諸個人が解放される、などということは決してありえないのです。社会科学的認識が確立すれば、生きた人間諸個人がどのように解放されるべきかが見えてくる、ということにすぎないのです。この「見えてくる」という認識の活動は重要なものですが、それと生きた諸個人の解放が現実になる過程とをごっちゃにしてはいけません。大塚久雄は、この文章の主語が「共産主義」である、ということをまったく見落して（故意に？）いるのです。つまりこの文章は、こういうものの見方をしましょうと言っているのではなく、共産主義とは、そういう人間の解放のための実践的な活動だ、と言っているのです。自然発生的な鉄の法則であるかの如く作用している力も、見方を変えれば、生きた諸個人の力のもとにおくことができる、などと言っているのではなく、現在の社会体制においては自然発生的な力として作用している力も、我々はそれを打ち破って共産主義を実現していくのだ、と主張しているのです。だからまたマルクスは、現在の資本制社会の中にあっては、残念ながら相変らず、その力は自然史的過程として、鉄の法則として存在している、ということから目をそらそうとはしないのです。大塚久雄のように、それはそう見えるだけだ、と言って目をそらすのではなく、それを存在している現実として見すえていくのです。ただし、打破さるべき、かつまた打破しうる現実として。

そのように理解してみてはじめて、『資本論』第一版序文で、マルクスが、「私の立場は、経済的な社会構造の発展を自然史的過程として理解しようとする」ことであり、それはすなわち、「鉄の必然性をもって作用する」ことがらなのだ、と述べていることも理解されましょう。ここでも大塚久雄は勘違いして(同一七二頁)、マルクスがことを自然史的過程としてとらえるのは、「過程全体の運動の客観的法則」をとらえるための「理論的方法」の必要上そうしている、と解説しております。ここでも相変らず、「ものの見方」の問題としてしか大塚は考えていない。しかしそうではないので、学問的方法の必要上からそうも見てみた、などということではないので、これは存在している現実なのであり、「一社会がその運動の自然法則を究知しえたとしても、この社会は、自然の発達段階を飛び越えることもできなければ、これを法令で取り除くこともできない」という厳とした事実だ、というのです。ただマルクスは、その「自然発生的性格」が克服され、廃棄される社会を未来に見通しているのであり、その克服をしていく「生みの苦しみを短くし、緩和するため」に、社会科学的な認識の作業もなしているのだ、と言うのです。だから、「生きた人間諸個人」をつかむことは、大塚久雄が勘違いしているように、鉄の必然性を明らかにする経済学を媒介としてではなく、そういう経済学を成立せしめる現実基盤を転倒することによってなのです。大塚はこうして、マルクスが、まさに撃つべき対象として見すえていた現象を、「生きた人間」の理念を持ちましょう、という呼びかけにとりかえてしまったのです。観念論的転倒というのはそういうことです。

以上、いかに大塚久雄がマルクスをとり違えているか、ということがおわかりいただければ、彼と一緒になって「マルクスとウェーバー」などと並べることも、彼と同じ水準でそれに反対して「マルクスかウェーバーか」などと反論することも、どちらも意味をなさないことがおわかりいただけたと思うのです。必要なことは、大塚久雄その他の相当数の日本ウェーバー学者が、いかに歪めたマルクス像をふりまいて歩いて、それによって多くの読者大衆を実際のマルクスから遠ざけてしまったか、ということを知っておくことです。

どうも長時間話し続けまして、大変失礼致しました。

『マチウ書試論』論

──現実と観念の接点──

一

吉本隆明の『マチウ書試論』について、本格的に論じてみようと思い、その梗概のみを『日本読書新聞』の今年（一九七一年）の一月一日号に発表しておきながら（『批判的主体の形成』に再録）、その後その展開を怠っていたが、ここで改めて展開し直すことにする。なお、右の『読書新聞』掲載のものは、吉本が新約聖書批判を展開するにあたって、新約書の他の文書ではなく、マタイ福音書を素材として選んだ理由を、一方ではマタイ福音書に内在する特質の問題として、他方ではそれを直覚的に発見していった吉本の問題意識から、確認していくことを主題とした論稿である。つまり、何故「マチウ書」の試論を吉本が展開したのか、ということに焦点をあわしたものである。ここでは、そこで素描することしかできなかった問題を、できる限り十分に展開することにする。

課題は二つある。一つは、吉本論を展開する手がかりとして、まず、その初期の評論である『マチウ書試論』をとりあげる、ということであり、他は、自分なりのマタイ試論を展開するための序説的な作業として、まず吉本の『マチウ書試論』を押さえておく、ということである。しかしありていに言えば、このように課題を整理して出発するところが、すでに問題なのである。前者について言えば、私自身は吉本論を吉本論として展開するつもりはないし、その必要もあまり感じていない。実際、現在ではすでに多すぎるくらいになった数々の吉本論を苦労して読んだところ——私はこの拙文を書くためにかなり読んではみたが——結局は吉本の著作から得られる以上のものは、ほとんど得られない。この場合でいえば、吉本が対象として取り組んでいるマタイ福音書はおよそ省みないでおいて、吉本という一人の思想家の思想の発展の一こまだけを『マチウ書試論』から読みとろうとするならば、それはひどい片手落ちというものである。何故吉本隆明がマタイ福音書と取り組まねばならなかったのか、ということは、マタイ福音書自体の特質をぬきにしては論じられないはずであり、したがってまた、自からマタイ福音書に、およびマタイによって代表される原始キリスト教の一つの断面に、切りこんでいく作業をぬきにして、『マチウ書試論』を論じてみても、たいした意味はないのである。つまり、吉本がそこに見出した課題をわれわれが自分の課題として共有しない限りにおいては、結局、吉本の文章を要約・引用するだけの吉本論しかでてこないし、あるいは、吉本を批判するにしても、きわめて図式的な観念性においてしか批判しきれないでいるのである。われわれが自分の課題として同じものを追求していってこそ、思想的ないとなみになり得ようというものだし、またそもそも、吉本の課題の設定の仕方自体にも批判的に取り組みうると思うのである。そして、この課題は課題としていきなり抽象的に存在するのではなく、素材との取り組みの過程としてのみ課題が成立する。たとえば、彼の『マチウ書試論』の結論部分で有名な「関係の絶対性」という理念にしたところで（ついでながら、『マチウ書試論』はこの理念の故に有名になったのだが、これは、数十頁にわたる文章の最後の二、三頁でふれられているのであって、『マチウ書試論』全体の問題をこの理念のみに収斂させてしまうわけにはいかない）、この理念のみをぬき出していくら議論してみても、この理念を観念化したところでかつぎまわるか、切り捨てるかするだけに終るのであって、重要なのは、彼がマタイ二三章からこの理念を獲得していく過程なのであり、われわれとしては、マタイ二三章そのものに切りこむことを通じてはじめて、この過程にも切りこみうる、ということである。さもないと、同じ趣旨の問題を同じ吉本が扱う場合でも、それをマタイ二三章から説きおこしていく限りにおいては「関係の絶対性」という呼び名が与えられるのだが、ほかの過程から接近していく場合には、「関係の絶対性」という理念を基軸にして考えられているわけではない（共同幻想論の場合）、といった問題の広い幅が、観念的に縮小されてしまうのである。同じことは言語論についてもあてはまる。吉本を論ずる限りにおいてのみ言語の問題に興味を見出す、というのでは意味をなさない。自分の思想を語っていく場合に、どうしても自分として言語の問題を通過せざるをえない、という時にはじめて、『言語にとって美とはなにか』が名著として姿を現わす。

どうしてこういうことを——あまりにも当り前なことなのだが——わざわざ言いはじめたかというと、最近書かれた吉本隆明論で、案外この点が明確にふまえられていないものが多いからだ。

たとえば、遠丸立『吉本隆明論』（仮面社）の最初の章におかれた「近親憎悪と階級憎悪」という文章があげられよう。遠丸は、この章で主として『マチウ書試論』を論じている。けれども、遠丸自身がほんの何ほどかでもマタイ福音書と取り組んだと思える形跡はまったくない。だから、吉本がマタイ福音書の中に見出した近親憎悪を、遠丸は吉本個人の中にしか見出すことができない。その結果、吉本においては、あらゆる強烈な思想が何ほどかはらまざるをえない普遍的な問題性として近親憎悪が論じられているのに、遠丸は、それを吉本の頭のなかにだけ存在しうるもの、吉本の思想の個人的特色、としてとらえてしまう。だからまた、遠丸の場合、吉本の「近親憎悪」を極度に図式的に抽象化してとらえてしまうのであり、その結果、「憎悪」という要素のみを手がかりに、「吉本」の「近親憎悪」に対立させるべきおのれの視点として「階級憎悪」なるものを並列的に並べて、あれかこれかにおくことができる。そしていとも簡単に、「階級憎悪」なるものによって、思想における近親憎悪の問題を克服できたと思いこんでしまう。確かに、階級憎悪ぬきに階級闘争はありえない。しかしそれと思想における近親憎悪、もしくは近親する思想に対しておのれの思想の絶対的優位性を保持するためにいだく憎悪の問題は、別の位相の問題である。

もう少し詳しく批評しよう。彼は、吉本の『マチウ書試論』を貫ぬく基本の要素として、「憎悪」を指摘する。

「くすぶりつづけている少年時の憎悪。どす黒く燃えさかる三角関係の憎悪。敗戦以来ひきつづいている『情況』への憎悪。この三つの憎悪の重奏の行為のなかから、この三体験を串ざしにする『串』を探し求めえたところに生れたのが『マチウ書試論』であった。……ここから吉本のアルファからオメガまでをひき出しえないものに吉本を語る資格はないのだ。」(一三頁)

自分のアルファからオメガまで、一切を憎悪に還元されてしまったら、さすがの吉本も苦笑せざるをえまいが、それはともあれ、『マチウ書試論』の中心的な問題は憎悪の問題ではない、ということは、私には明白であると思われる。後述するように、その中心問題は、現実と観念の接点の問題なのである。そしてそれは、吉本がそれ以前から見つめていた問題であったとしても、マタイを追求するところからはじめて鮮明に形をとりえたのであり、かつまた他方では、マタイを追求するというところからだけでは十分に取り組みえない問題でもあるから、『マチウ書試論』なる評論の枠をはるかにはみ出さざるをえず、そのはみ出したところで、われわれすべてに関わる根本的な問題になっているのである。吉本の力量のすぐれたところは、マタイ福音書という一つの素材からそこまでの根本的な課題を抽き出しえた、という点にある。私が今一方でマタイ福音書にこだわり、他方で吉本隆明にこだわり続けているのは、この現実と観念の接点という共通する基礎的問題の故なのであって、この問題意識を吉本がマタイを手がかりにして展開していくに至るまでの心理的なきっかけとか、彼の個人的生活史上のきっかけなどに中心的な興味をおくわけにはいかない。たしかに当時の吉本には特に憎悪に着眼するだけの個人的な生活上の背景はあっただろうし、したがってまた、強度に思想的な近親憎悪をたぎらせているマタイ福音書にその点からも（その点からだけではない。多くの要素の中の一つというにすぎぬ）興味を持つ理由はあったであろうが、そのようにして接近していったマタイ福音書の追求から、右に指摘した根本的な問題と取り組む基礎的な視点を抽き出しえたところで、『マチウ書試論』が意味のある評論となりえたのである。一言で言えば、吉本がマタイに見出した「近親憎悪」からどのようにして「関係の絶対性」というより普遍的な問題意識に連なっていったか、という過程が重要なのであって、そこをぬきにして、遠丸立のように「近親憎悪」の要素にのみ焦点をあてて論じていても仕方がない、ということである。

たしかに遠丸も、だいぶ頁が進んだところで、『マチウ書試論』における「近親憎悪」が「関係の絶対性」とどう結びつくのか、ということを論じてはいる。しかしそれは、吉本が言おうとしていることを、まさに正反対に読み違えているのである。つまり、『マチウ書試論』の末尾の、よく引用される句、「原始キリスト教の苛烈な攻撃的パトスと、陰惨なまでの心理的憎悪感を、正当化しうるものがあったとしたら、それはただ、関係の絶対性という視点が加担するよりほかに術がないのである」という句を遠丸は解説して、

「『関係の絶対性』によって正当化されたのは、ただたんに原始キリスト教の憎悪だけではない。約二千年前の憎悪の抽出の筆の背後にダブらされていた吉本自身の憎悪感をもまた正当づけたのである。つまり『関係の絶対性』という概念こそ、あらゆる生理密着的な憎悪に、『自立の思想』の正当性を附与するところの免罪符にほかならなかった」（一五三頁）

と言っている。しかし吉本のこの文はそういうことを言おうとしているのではないので、――というよりも、この吉本の文は至極あいまいで、二義的であるので、「正当化しうるものがあったとしたら」という条件文は、「実際には正当化しうるものは原始キリスト教の中にはないのであるが、それを、無理に正当化しうるものを私がひきだすとすれば」という意味にもとれるし、「原始キリスト教の

心理的憎悪感は正当化しうるものではないのだが、しかしその心理的憎悪感を一方ではあくどく保ちつつも、他方では『関係の絶対性』という正当な視点を自から提出しえている限りにおいて、原始キリスト教は正当化しうる」という意味にもとれるのである。

断っておくが、私はここで文法的な解釈の可能性を並べたてているのではないのであって、実は、ごく最近にいたるまで、当の吉本自身が、この文をどちらのつもりで言っているのか、おそらく自分でもよくわからないでいるのだろうと思えるのである。もう少し整理すれば、「関係の絶対性」の理念は、マタイが吉本に教えてくれたものであるのか、それとも、吉本がマタイを否定的に克服する手がかりとして持ちこんだものであるのか（つまり、マタイは関係の絶対性という視点を確立していないから駄目だ、という意味で）、そのどちらなのかおよそはっきりしないのである。というよりも、吉本はその両方のことを並べて言っているのであり、その両方の意味を右の一文の中に同時にこめてしまっているから、わかりにくいのであり、しかもそのことを吉本自身が自覚的に整理しようとしていないのである。この「関係の絶対性」の理念の二義性こそ、われわれが彼の『マチウ書試論』を批判していく手がかりであるのだが、そのことは先に行ってからゆっくりと展開することにして、ここではとりあえず、吉本がこういうどちらともつかない曖昧な表現しか書きえなかったのは、彼自身がこの時点では曖昧な把握しかできていなかった、というだけのことではなく（そうには違いないが）、むしろ、そういう曖昧な把握を余儀なくさせていくような要因がマタイ福音書の方に内在している、ということなのである。そこに気がついて切りこんでいかないとマタイ批判にならない。

話をだいぶ先取りしてしまったが、吉本が原始キリスト教の心理的憎悪感を関係の絶対性によって正当化しているわけではない、ということだけは確かである。むしろ吉本が持った問題意識は、マタイによって代表される原始キリスト教の「苛烈な攻撃的パトスと心理的憎悪感」すなわちユダヤ教に向けられた近親憎悪は、それ自体としては、決して正当化されることはない、ということであろう。原始キリスト教のユダヤ教に対するあくことなき憎悪は、自己の絶対的正当さの確信の裏返しである。たしかに、もしも原始キリスト教が本当に絶対的な正しさを確立しているのであるとするならば、自己に対して対立物として現われるユダヤ教に対するこの憎悪もまた正当化されようが、しかし、原始キリスト教が絶対的な正しさを確立しているなどという保障は全然ないのであって、それはただ彼らがそうと確信しているにしかすぎない。つまりその確信は、一つの党派的な確信にしかすぎないのであって、ユダヤ教に対する憎悪はその党派意識の表現にしかすぎない。その限りにおいて、この憎悪が正当化されるはずもないのである。とすると、マタイ批判として吉本が持った問題意識は、こういう憎悪に表現されてくるところの党派的な確信は否定的に克服されなければならないのであって、もしも絶対的な正しさということが言える地平があるとすれば、それは「関係」という地平においてでしかない、ということである。厳密に言うと、「関係の絶対性」とは他の何ものかを正当化する原理であるのではなく、絶対性、絶対的な正当性ということがもしもなり立ちうるとすれば、それは「関係」という地平でしかないのだ、ということの省略した表現なのである。そういう趣旨のことを、おそろしく単語を省略する言い方で短い一文におさめてしまったのが、先に引用した『マチウ書試論』末尾の一文であろう。だからこれを、「関係の絶対性」という「視点」が「憎悪」を「正当化する」という風に、遠丸立のように、言い直すとすると、およそ違った意味になってしまう。

吉本が原始キリスト教のユダヤ教に対する憎悪に着目するところから出発しつつも、それをただ憎悪一般の問題としてとりあげることをせず、その憎悪を成り立たせているところの原始キリスト教の思想水準（つまり、党派性の思想もしくは観念の絶対性）にこそ基本的な問題がある、というところまで追求した時に、評論を書く上での心理的かつ個人的な動機の水準から普遍的な課題にまで達しているのであり――つまり、党派性の思想もしくは観念の絶対性ということは、原始キリスト教のみの特性ではなく、また吉本が対峙していた狭い意味での現代思想のみの問題性でもなく、両者の出会う地点での普遍的な課題なのであり、評論の対象と自分との間にこのような接点を確立しえたところに、『マチウ書試論』の大きさがある。そしてその普遍的課題から、再び「憎悪」の問題が見なおされる時には、「吉本自身の憎悪感をもまた正当づける」などというけちくさいことではなく、思想的近親憎悪が動きまわっている水準そのものが否定的に克服されねばならない、という課題になるのである。

こういう問題意識のなかで「憎悪」がとらえられる時、吉本がキリスト教のほかのどの文書でもなく、マタイ福音書を批判の対象として選びとった、ということの意味が一つはっきりしてくる。新約書のどの文書も大なり小なりユダヤ教批判を展開しているのであるが、マタイの場合は、それらのいずれとも違って、「底意地悪く」執拗である。それは単にマタイが自己をユダヤ教の対立者として把握したにとどまらず、むしろ、自分たちこそユダヤ教の正統を継承する、しかも、ユダヤ教をユダヤ教自身よりも完成させた姿において継承する者である、という自負があったからである。マタイが好んで「義」(これは伝統的に「義」と訳されているが、「法正」と訳した方がよいかもしれない)という概念を用いるのも、ユダヤ教の中心たる律法を実現する「正しさ」を自分たちこそ保存しているのだ、という確信の表現であるし、また、「イスラエル」理念の強調も同じ線上に並ぶし、他方、「成就」の理念が多く出てくるのは、自分たちがユダヤ教をより完成した姿で成就しているのだ、という確信の表明である。だからまた彼は、「異邦人の道に行くな」とか、「異邦人」の語を「罪人」の代名詞として用いる、といった、偏狭なユダヤ教徒以上にイスラエル正統意識をふりまきつつ、他方、すべての異邦人に対して、「成就したユダヤ教」である自分たちのキリスト教が正義と救いをもたらすのだから、あなた達異邦人はこのキリスト教のまわりに集って来るがよい、と民族的中華思想を宗教的中華思想に転位した意識もふりまいている。ユダヤ教から原始キリスト教への転位という一般的な問題については、ここは論ずべき場所ではないのでふれずにおくが、少なくとも、マタイ福音書に関する限り、民族的な場に設定された社会倫理と宗教が未分に合体しているユダヤ教を、さらに徹底して観念化し、観念の領域にのみ徹底して抽象していくことによって、世界宗教としてのキリスト教を成立させているのである。だから、自分が跳ぶための踏み台として利用していったユダヤ教に対して、近親憎悪をいだくのは当然なのである。しかも、政治的・社会的勢力としては、ユダヤ教の方がよほど大きかったから、マタイ的キリスト教団としては、自分たちを社会的にも圧迫してくるユダヤ教の力の前に、いろいろな形の屈従を経験せざるをえなかっただろうし、だからますます、陰にこもった、底意地の悪い近親憎悪をたくわえていくのである。

けれども、こういうマタイ的キリスト教の立っていた歴史的特殊性をこえて、思想における近親憎悪の問題は、極めて現代的な問題でもある。特に、権力からの圧迫に常にさらされている前衛的な思想の場合、よほど注意していないと、思想的・運動的な近親憎悪に無自覚的にのめりこんで、そこに居坐ってしまう危険がある。政治的・社会的に弾圧された少数者が、しかも支配権力からの直接的な弾圧だけでなく、自分が批判的に克服しつつ踏み台として跳んで来た擬似前衛の力からも圧迫され、弾圧されていく時に、ひたすら、自己の思想の正当性を観念の領域において絶対的に確保することで居坐ってしまう場合に、思想的・運動的な近親憎悪に身をもたせかけてしまうのである。こういう思想的近親憎悪の問題は、したがって、大きな歴史的幅の中で見すえていかなければならないのであって、遠丸立のように、吉本の個人的な体験の世界に閉じこめてしまってすむものではないのだ。このような閉じこめ方をしたからこそ、遠丸は、逆に、単純な憎悪の観念論に身をゆだね、図式的に割り切って、思想的近親憎悪の問題を克服しえたと思いこむ。すなわち彼によれば、

「吉本には近親憎悪の苦痛はあったが、自己憎悪の苦痛はなかった、と私には思える。……自己憎悪のみが憎悪を止揚する契機をはらむ。……近親憎悪の核が自己憎悪の破壊力で完全に空洞化されたとき、風穴の向う側へ吹き抜けてゆく憎悪の噴霧を、私たちは『階級憎悪』とよぶべきなのだ」（四一頁以下）

これでは、ただ「憎悪」の次元だけでものを考えていて、まるで、「憎悪」を近親から自己へ、さら

に階級へと転化していけば、思想的近親憎悪の問題が克服できるとでも思いこんでいるようなのだが、思想的近親憎悪の問題は右に述べたようにもっと歴史的に幅のある深刻さをはらんでいるのであり、「憎悪」の水準だけでけりがつくことではなく、そういう憎悪を生ぜしめる思想集団相互のかかわりと体質（思想的党派性の問題）にふれていかなければならない。階級憎悪（それはそれなりに根本的な問題なのだが）とはおのずと別の水準の問題なので、右から左に転位させればすむ、などということではない。

こういう安直な憎悪論を『マチウ書試論』からひきだして平気でいられるのも、結局、吉本の取り組んでいた対象はすっぽかして、吉本論にのみ没入した結果なのである。われわれははじめから、いささか本論をはずれて、遠丸立の批判に時を費しすぎたかもしれない。しかし、最近の吉本論の氾濫を見るにつけ、遠丸自身をあげつらうことよりも、吉本論をどういう水準で展開すべきか、ということの否定的実例として、やや詳しく論じておいても無駄ではあるまい、と思ったのである。吉本を乗り越えることができるとすれば、吉本論に没入していては駄目なので、吉本と彼が取り組んだ対象との接点に切りこまねばならない。

あとは二、三言及するだけにしておこう。ごく最近の白川正芳『吉本隆明論』（永井出版）の中におさめられた『マチウ書試論』は、さすがに吉本の思想を忠実に紹介している。その結論の文で、「かくて、絶対的な自己意識を『関係』のほうへややずらすことによって、吉本隆明は、この世界と激突するという幻想の世界への視点を確立したのである」と白川が言う時には、『マチウ書試論』の主旨と、それがその後向かうべき方向を、短かく鮮明にまとめている。しかし、吉本を忠実に理解していくだけでも大変なことなのだ、と言ってしまえばそれまでだが、忠実な紹介は所詮、忠実な紹介にしかすぎない。白川も、結局、『初期ノート』や初期の詩篇から『マチウ書』を経て、やがて『共同幻想論』にいたる吉本の思想の流れを、吉本の思想の流れとして叙述しているだけであって、自分でマタイ福音書と取り組みつつ、それを吉本の『マチウ書』にぶつけあわしてみる、という作業はしていない。宮内豊が編集解説した『吉本隆明をどうとらえるか』（芳賀書店）になると、『マチウ書試論』にはほとんど全くふれていない。

『構造』昨年十一月号の吉本論特集でも、ほとんど『マチウ書』にはふれられていないが、たとえばそのなかで、立原信弘の「自立論と観念の革命」において、

「吉本が原始キリスト教の思想方法をとらえて『現実的に疎外され、悔蔑されても、心情の秩序を支配する可能性はけっしてうばわれるものではないという、一種のするどい観念的な二元論』と呼ぶとき、それはまさに吉本そのひとの思想方法なのである。……吉本はマチウ書（マタイ伝）の作者に自己を擬し……」

などと言っているのは、吉本がとり組んでいる対象をぬきにして、吉本だけを見つめすぎたことから生じる誤読、としか言いようがない。たしかに部分的には吉本はマタイ伝の作者に自己を擬しているようなところがないわけではないが、全体としては、そして根本的には、吉本はマタイとマタイによって代表される原始キリスト教とを、批判的対象として設定しているのであって、つまりマタイの思

想方法を克服する地点を探しているのであって、マタイの思想方法を自己の思想方法と同一視して言い直そうとしているのではないのである。

どうしてこんな簡単なことを、みなさん勘違いなさるのであろうか。

二

はじめに私は二つの課題がある、ということを指摘しておいた。そして、課題がこのように二つに分裂することが問題なのだ、ということから、その一方である「吉本論」に閉じこもることの問題性を指摘してきた。それではもう一方の課題、つまり、自分なりのマタイ試論を展開する、ということはどうであろうか。この場合はもう、そういう課題を設定する以前にすでに、そういう課題が現在のわれわれにとってどこまで真実の課題となりうるか、ということが当然問われてくる。今時、二千年前の宗教文書などいじくってみても仕方がないではないか、ということである。実際また、多くの人人は腹の中でそう思っているからこそ、『マチウ書試論』を、マタイがどうであろうと、吉本の思想として読めばいいではないか、ということになるのであろう。逆にまた、多くのキリスト教護教家は、それが「聖書」のなかにあるから説明しなければならない、と思っているだけで、マタイ福音書を現在われわれが論ずるということが、そもそもどういう課題として成り立ちうるのか、という問いは問うてもみない。

正直のところ私としては、ごく最近まで、マタイ福音書を苦労してとりくまねばならない対象だとは思っていなかった。イエス研究の素材としては重要であるけれども、著者マタイ自身は、陳腐な宗教信仰の持ち主にしかすぎず、ユダヤ教批判を無気味なまでに破壊的な水準にまで徹底して行ったイエスを、いわばマタイは、もう一度伝統的なユダヤ教の範疇の中に丸めこんだだけのもの、イエスのとげをぬいて月並な伝統宗教の発想にひきもどしただけのもの、とみなしていたのである。だから、マタイ的変容がほどこされてはいるものの、伝承批判の操作を通じて何ほどかイエス像復原の素材となりうるものを含んでいる、という限りにおいて、マタイに興味を持ったものの、それ以上の興味はあまり持たなかった。ただ一つだけ興味があったのは、マタイ福音書は、一方ではあれほど無自覚的にユダヤ民族主義の意識を保ちつつ、他方ではどうして民族宗教の枠を脱して、普遍的な世界宗教となりえたのか、という問であった。これは相当重要な問題である。普遍主義が民族主義と逆接しないで順接する、という事実は、両者のイデオロギー水準をはかる上で、かなり重要な事実なのだ。そしてこの点でマタイ批判を展開することは、原始キリスト教内部の特殊な歴史的一断片ということにとどまらず、われわれにとって極めて現在的な課題でもある「民族とは何であるか」ということについて、一つの批判的視野を形成する事実である、と思う。

だいたい以上のようにしかマタイを位置づけていなかった私にとって、吉本隆明が何故あれほどむきになってマタイを論じようとしたのか、不思議であった。それが、『言語にとって美とはなにか』から『共同幻想論』へのつながりの線上に『マチウ書試論』をおいた上で読み返してみると、吉本がマタイ福音書に何を見出していたかが鮮明になったのである。マタイには、観念的なつきつけの異常なまでの強烈さがある。現実に対して観念がつきつけてくるものの、というよりむしろ、現実をつきぬけて観念が飛翔する場合の、異常な強烈さがある。その異常な強烈さにひかれつつも、吉本はそれを否定的に克服する対象として選びとったのである。そしてこういうことは、吉本のようなキリスト教の門外漢しか見出しえない。何故ならキリスト教徒は、もしくはキリスト教の世界に育った者は、いわば生れた時からマタイ福音書を知っているのであり、しかも、どのようにその意味を値引きして読むか、という術をはじめから教えられているのである。だからマタイが何を言っているかを、文字通り律義に読んでみよう、というようなことは普通やらない。——しかし、吉本の鋭敏な感性に照らしだされてみると、実際、この種の観念的強烈さを持ちえている思想はそれほど多くは見あたらないので、人間にとって観念とは何か、という問いを問いつめていく上で、そして、観念の働きを我々がどこまで、どのようにして制御しうるか、という問いを問いつめていく上で、マタイ福音書は恰好の素材であろう。

「人間の生きるのはパンのみによっているのではない。神の口より出るすべての言葉によるのだ」とマタイの著者が言う時、観念の絶対的な優位性が高らかに歌いあげられているのだし、観念がそういう絶対性を持つのは嘘だよ、とわれわれとしてはもちろん言いえても、他方では、たしかに自分は食うことだけで生きているのではないな、という思いは手離せない。観念の絶対性のこの異常な強調は、あくまでも異常なのだ、と思いつつも、そこにある種の魅力をおぼえざるをえない。そういう魅力を感じるわれわれの心性が、どの水準でどのように克服されるか、ということが問題なのだ。

あるいは、「右の頬をなぐられたら、左の頬もむけてやれ」という言葉がある。これなども一見、日常生活の倫理を、つつましやかな愛の倫理を、語っているようでありながら、自然な人間の感情に対して、こういうことを実際にやってみようとすると、そこには、自分の感情や行動を異常なまでに観念によって統御する、という力が働かねばならないのであって、つつましやかな倫理どころか、あらゆる屈折した感情が折りこまれて、しかもそれが強引に一つの観念性（その観念を愛とよぶにせよ、何と呼ぶにせよ）によって統御されているのである。その異常さが異常である故に、一種の強い魅力となって残る。

われわれは、マタイはイエスを再度月並なユダヤ教的心性にひきもどしたにすぎぬ、と先に述べた。それはそれなりに正しいと思う。しかし他方、そのマタイが、ユダヤ民族主義を継承しつつも、普遍的世界宗教の第一の経典たりえた、ということは、一方でこういう異常なまでに強い観念の絶対性を提示しえているからであろう。ここに民族主義が世界宗教へと順接しえた理由がある。民族主義的心性が強度な観念性へと吸収された時に、世界宗教となりえたのである。マタイが単に陳腐な宗教意識の産物にしかすぎぬものなら、書かれて間もないうちにすでに一世紀末のキリスト教会において大きな人気を得、二世紀のはじめからすでに、正典的な権威を獲得し、それも、やがて新約正典に結集されるすべての文書の筆頭におかれるほどの正典的な権威を獲得し、また二世紀以降のキリスト教思想家がもっとも好んで引用したのがこの福音書である、という事実の説明がつかぬ。この福音書がいかに大きな人気と正典的権威を獲得したか、ということは、写本の歴史からも知られる。他の福音書とちがって、まず、マタイの場合、写本の異読が少ない。ということはつまり、他よりも慎重に写筆がなされた証拠なのである。また、他の福音書の場合、同じ物語が出てくるところでは、マタイにしたがって修正されることが多い。写本家が、他の福音書を「権威あるマタイ」へとひきよせるのである。

さらにはまた、古代教会の場合だけではなく、現代においても、欧米だけではなく日本においても、マタイが新約諸文献の中で最もよく知られ、最も通俗的な人気を多くかちえているのは事実である。たしかに、マタイの行なっている通俗化、そこにみられる陳腐な宗教性が、通俗的な人気と正典的な権威をかちえた理由でもあろう。と同時にしかし、吉本隆明のような思想家がむきになって興味を持つだけの理由がこの福音書には含まれているのである。つまり、先に述べた徹底した観念性がこの福音書にそれだけの魅力と問題性を与えているのである。そしてまた、徹底した観念性の主張と、通俗な人気とは、無縁なことではないだろう。徹底しているが故に鮮明でわかりやすく、しかも観念性へと吸収していく思想だから、感心して耳を傾けている限りは、つまり自分の生存をその思想にかけてしまわない限りは、感心して聞いているだけでことがすみ、さらに、異常なまでに徹底しているから、自分と隔絶した偉大さを感じるのである。わかりやすく、しかも自分からは大きく卓越しているように思える、ということが二千年にわたった通俗的人気の秘密なのだ。しかも、マタイのこの観念性は、何ほどかずつすべての人の精神に作用している観念の働きと相応するから、親近感も与えるのである。だからこそまた、宗教批判の必要が常に指摘されねばならないのだ。宗教はいわば一つの畸型として人間の中の観念の働きを絶対化してうつしだす。そのこととの批判を通じて、単に宗教の批判ということではなく、宗教とは無縁であると思っている大多数の現代人が無意識にかかえこんでいる観念性に批判的に切りこむ、ということでなくてはならない。実際、政治活動の上で、あるいは特に政治思想や経済思想の上で、自他共に前衛的であると認めているような人でも、この種の問題に踏みこむと、意外とひどい観念的な片寄りを見せてしまうことがあるのだ。

吉本がマタイ批判を手がけたのも、それが観念批判の踏み台として恰好の素材だったからであろう。ここに強烈な仕方で提示されている観念の絶対性を克服し切らないことには、思想的いとなみを続けていくわけにはいかない、ということだったのだろう。もちろん、新約書のなかで、マタイのみが観念的な宗教性を提示している、というのではない。どの文書もその点では大差ないのだが、マタイとパウロとが、観念の絶対性を徹底する点では、他にぬきんでている。そしてこの両者は基礎的な型が異なる。

きわめて図式的に説明してしまえば、パウロの場合は、現実と観念とを逆転させることによって、観念の絶対性を確立しようとする。つまり、現実を真の現実ではないと宣言し、宗教的観念世界こそが真の現実であると宣言することによって、現実と仮象とを逆転させる構造をもった思想なのである。これは宗教思想にありがちな一つの典型である。それに対して、マタイの場合は、現実を観念の中へと吸収しきろうとする。たとえば、「貧しさ」というきわめて現実的な生活の様相を、「貧しさ」のもたらす精神的たたずまいとしてとらえ、さらに、「心の貧しさ」と言いかえていくことによって、精神の問題へと解消してしまう。パウロとマタイのこの違いは、どちらもユダヤ教から出発して世界宗教へといたりながら、ユダヤ教に対する接し方が、論理の水準では、異なっている、という点にもあらわれる。すなわち、パウロはユダヤ教を否定し、廃棄することによって、世界宗教にたどりつこうとする。ユダヤ教は、その律法に端的に表現されているように、宗教信仰と社会倫理とがたくみに、一元的に結合されている。その故に、民族的現実をそのなかに包摂しえたのである。パウロはユダヤ教を否定することによって（もっともパウロのユダヤ教の否定は、ユダヤ教優越意識のただの裏返しにしかすぎないのだが）、民族の問題などは「現実には」存在しないのだ、と言いはじめ、世界的普遍性に到達しようとする。マタイの場合には、ユダヤ教を肯定的に延長するところから世界的普遍性に到達しようとする。その際、右に述べたような仕方で、いちいち現実を観念へと吸収していくから、民族宗教から出発しつつも、普遍的な観念の中へと逃げこむことができるのである。

吉本隆明は、マタイのこのような特性を、いわば直覚的にとらえていた、と言えよう。そこに彼の天才がある。けれどもまた、彼が直覚としてとらえていたものが、歴史的な場の中で実際にどう成立していたのか、ということを掘り下げる必要がある。この掘り下げを欠いたところに、吉本の直覚が直覚でとどまっている理由があるのであり、そこにまた、「関係の絶対性」という概念の曖昧さも帰因すると思われる。

もっとも、新約書の一文書についての歴史的な掘り下げを、詩人吉本に期待する方が無理でもあろう。それは、一九五〇年代までの日本のキリスト教「学」の貧困の結果でしかない。吉本が当時（一九五四年から五五年）利用しえた邦語文献としては、護教論的意図をふんぷんと臭わした神学書しか、それも思想的にも低水準のものが、ごく僅かしかなかったのであるから、彼としては、歴史的批判を展開するのに、A・ドレウス以外には頼るものがなかったとしても、やむをえまい。そして、イエスは歴史的実在ではなく、キリスト教会がつくりあげた架空の人物である、というA・ドレウスの見解は、とても無理であって、今日では、歴史的研究としての価値はもはや全然ない。たしかに、福音書の記述の相当な部分、少なく見つもっても半分以上の部分は、原始キリスト教の信仰の対象であるキリスト像（キリスト＝メシア＝終末時の救済者、というのはあくまでも宗教的理念であって、歴史上の人物の名前であるイエスとは、用語上明瞭に区別されねばならない）を、物語的記述に組みこんでいった聖者伝説的な創作である。けれどもそのことから直ちに、史的イエスの実在までも否定してしまうわけにはいかないのである。史的イエスについての伝承が、伝承の過程においてすでに、さまざまな神話的・護教論的変更を加えられつつ、最後に編集者がそれを独自な方法でまとめあげる、という仕方で書かれたのが福音書なのである。だから福音書には、実在のイエスから、さまざまな伝承、さらに編集者としての福音書著者にいたる、相互の思想的矛盾が拮抗して並存している。おまけにマタイとなると、彼以前に書かれた福音書記述の最初の試みであるマルコ福音書を大幅に修正加筆したところの、いわば改訂増補版であるから、マルコに対する対立的な修正意識がもう一つ問題になってくる。このように、マタイ福音書には、イエスからマタイ自身までの半世紀強のキリスト教史の内部矛盾が組みこまれているのであり、その組みこみを、観念の絶対性という形で消化しようとしたのが、編集者マタイの作業なのである。そういう事実を一切無視して、マタイ福音書の主人公イエス・キリストは、「著者」マタイの創作にかかる人物である、と割り切ってしまうのは、とても無理なのだ。したがってまた、吉本の『マチウ書試論』三部作のうち、ほぼドレウスに頼り切って歴史的な問題を論じた第一部は、今日読む意味はない。マタイ福音書が二世紀になって書かれたことにしてみたり(二世紀に書かれた書物が一世紀末の他の著者に知られていたり、すでに二世紀初頭には四福音書の中で最も権威ある正典としてみなされたり、などということはありえない)、マタイの記述のほとんど全部が旧約書の創作的焼き直しである、と断定してみたり(マルコと比べてみれば、多くは、もともとは旧約とは関係のないマルコの物語を、マタイが旧約の言葉でもって説明しようとしている、ということがわかる。つまり物語自体が旧約を素材とした創作的焼き直しなのではなく、マタイがそれに旧約的雰囲気をまぶしたにすぎない)、等々の間違いは、ドレウスだけに頼ってしまった結果生ずる歴史的無知である。——だから、『マチウ書試論』が面白いのは、思想的問題に集中している第二部(現実と観念)、第三部(関係の絶対性)なのである。

けれども、それは単に歴史的無知、ということに還元することですますわけにはいかないので、思想内容の批判にたちいたる場合に、やはり、その思想が成立してきた歴史的過程を無視して思想のみを抽出して批判するわけにはいかないし、その点で、吉本の『マチウ書試論』の方法論上の問題があるのである。これは決して、福音書研究についての専門的知識を持っているかどうか、などということに矮小化されてはならない問題なので、思想を論ずる方法論的問題に関係してくる。吉本隆明の直覚が見事に言いあてているように、マタイ思想の根本的特色は、迫害された少数者もしくはおのれを迫害された少数者だと思いこんでいる者達が観念の絶対性に依拠して自からの位置を守ろうとしている、ということなのだが、これを思想内容としてだけ検討していくと、結局は、観念の絶対性に依拠しているだけの思想では駄目なのだ、と言って話が終るのだが、われわれがなさねばならないのは、どのようにして観念の絶対性に依拠する思想に人は埋没していくのか、ということの歴史的な検討なのである。そうでないと、できの悪い奴は駄目なのだ、と宣言するだけで終ってしまって、われわれが常にどのようにできの悪さに埋没する可能性をはらんでいるか、ということに迫っていくことができない。それが歴史的追究の問なのである。

吉本の「関係の絶対性」の理念が曖昧なのは、一つには概念そのものがいささか逆説的な結びつきによっているからなのだが（つまり、普通は「関係」は相対的と考えられており、「絶対性」と結びつけられることはない）――そしてそこに大きな長所もあるのだが――一つには、何としても、この歴史的追究を欠いているからなのである。

曖昧だ、曖昧だ、と何度もくり返してきたが、それは先にも指摘したように、吉本の言いたいことは、マタイ福音書はその欠陥にも関わらず関係の絶対性という理念を提出している点で評価できる、ということなのか、それとも、まさにマタイは関係の絶対性ということに気づいていないから駄目だと言っているのか、どちらなのかよくわからない、ということなのである。これは決して、若き日の吉本の文章の曖昧さ、などということに帰してはならないので、吉本にそういう曖昧な表現を強いたマタイ福音書の自己矛盾する構造の問題なのであり、そしてまた、それは古代の一文献マタイの歴史的特性にだけ還元できることではなく、その歴史的特性を洗いあげることから、思想が曖昧さを通って風化していく普遍的な課題をとらえることができると思う。

つまり一方では、吉本はマタイによって代表される原始キリスト教は（マタイと原始キリスト教を吉本のように単純同一視するのも本当は正しくない。時代的には、マタイは原始キリスト教の最後尾に位置する）、

「いわば観念の絶対性をもって、ユダヤ教の思考方式を攻撃するとき、その攻撃自体の観念性と、自らの現実的な相対性との、二重の偽善意識にさらされなければならない」

と断罪している。これはマタイの特徴をよくとらえているのだが、そういう観念の絶対性に寄りかかっているマタイは、まさに関係の絶対性の視点とは対極的な位置に身をおいていることになる。ところが、そう言ってマタイを批判する吉本が「関係の絶対性」という視点を手に入れるのは、マタイ二三章二九節以下の趣旨を要約することによってである。

「ここで（＝二三章二九節以下）、マチウ書が提出していることから、強いて現代的な意味を描き出してみると、加担というものは、人間の意志にかかわりなく、人間と人間との関係がそれを強いるものであるということだ」（傍点は私）

もっとも吉本は「強いて」と書くことによって、関係の絶対性の視点をマタイに帰することに躊躇を見せている。そして実際、すぐ次に続く頁で、「関係の絶対性の視点を導入すること」によって、

当のマタイの立場を批判している。しかし、マタイ二三章二九節以下は、「強いて」言うのでなくとも、要するに「関係の絶対性」と名づくべき視点を提出しているのだ。

このように、関係の絶対性という視点を見事に提出しているマタイが、実は観念の絶対性に寄りかかっているにすぎないので、彼自身の提出した視点を武器に切りこんでいくと、彼自身があぶくのようにけしとんでしまう、という現象が、われわれにとって問題なのである。あるいは、観念の絶対性に居坐ってしまったマタイのような著者が、どうして関係の絶対性の視点を提示しえたのか、と言いかえた方がいいかもしれない。ともかく、この現象を手がかりにして、われわれとしては、さらに一方ではマタイ批判を、他方では『マチウ書試論』批判を、おしすすめていくことにする。

三

ここで、マタイ批判を先にすすめる前に、もう少し、関係の絶対性という理念が吉本自身の中でどういう意味をもっているかを確認する作業を続けてみたい。実際、案外この表現は人によってまちまちな意味に理解されているのである。

彼が「関係の絶対性」という理念で何を意味しようとしているかは、近著『情況』（河出書房新社）の中で、かなり鮮明に説明されている。そしてそのことは、『マチウ書試論』以来十数年間、そこで提起した問題が吉本の中でどのような形で問題として残り続けてきたか、ということをよく示している。

「〈確信〉が思想の真理を保証しないということは、すでにわたしにとって体験としてははっきりしていた。すると思想の真理を保証するのはなにか。なにかわからないとしても、それが思想の数だけ恣意的にあらわれる主観的な〈確信〉や〈正義〉ではないことだけは確かである。これははっきりつかめなかったが、〈関係の絶対性〉と名づけることができるようにおもわれた。ここであらわれる〈絶対性〉という言葉は、観念の問題でないとすれば〈客観性〉とよぶべきところであった。そこで、わたしにとって、人間の社会的な存在の仕方のなかにあらわれるこの世界との関係の総体はなにか、それはどのような基軸によって構造的に把えることができるかという問題が、おぼろげながらあらわれたのである。もしこれが解きつくせるとすれば、それは〈関係の絶対性〉の具体的な内容となりうるはずであり、それは思想の党派性の彼岸にある人間と世界との関係の絶対性として、すくなくともあらゆる思想が現実のさまざまな場面でつきあたる接点の領域に関するかぎりでは、思想の真理性の基準となりうるはずである。この問題が幻想論の領域として確定されるために、すでにわたしは十数年を使ってしまった」(三〇頁以下)

つまり、『マチウ書試論』の中心問題は、決して近親憎悪の問題などではなく、「思想の真理を保証するものは何か」という問いだったのである。一つの文章を仕上げる時は、それを書いている時点で直面しているさまざまの問題意識が錯綜して現れるけれども、そこで中心的になっていた、もしくは、中心になりうる質をもっていた問題意識は、その後もずっと形を変えて追いつづけるものである。右に引用した『情況』の文章にせよ、あるいはそれとほぼ同趣旨の「新約的世界の倫理について」（竹内書店発行『パイデイア』第四号、一九六九年二月）にせよ、一九七〇年七月二五日に「宗教と自立」と題して『マチウ書試論』の再論を試みた講演にせよ（止揚の会主催）、『マチウ書試論』が書かれた一九五四、五五年からすでに十四、五年たって書かれたものであるが、そのいずれにおいても、絶対性を追い求め、主張する思想もしくは倫理は、実は自分の中に絶対性を支える根拠を持っていないのであって、その根拠は、実は「立場としての倫理」もしくは「党派性の思想」の外に探されなければならず、そこに「関係の絶対性」の視点が見出されるのであり、そのことをずっと追求し続けた結果として、「共同幻想論」を確立したのだ、という趣旨のことを述べている。すなわち、「関係の絶対性」の視点は、「共同幻想論」へのつながりの糸の中で見られねばならない、ということなのだが、それは、間にはいる『言語にとって美とはなにか』のはじめの部分で展開されている言語論との連関の中でとらえてみると、さらにはっきりしてくる。

周知のように、ここでは、言語の本質を指示表出と自己表出との二重性としてとらえているのであるが——この、言われてみればあまりにも当然のことを、どうして今までの言語学は気づかずにいたのか、「コロンブスの卵」の典型のような話であるが、それというのも、言語学が言語の実態をとらえることよりも、むしろまず「科学」としての自己を確立することをめざしすぎた、ということとなのだろうが、それはさておき——文学の理論を展開しようとする時、文学が言語を媒介とするものである以上、まず言語の本質論を展開しておく必要があった、というのは、当然のことだった、といわねばなるまい。しかし、言語とは人間にとって何なのであるか、という言語の本質論を展開しようとする行為は、言語は何であるかが当然のこととしてわかってしまっている、と思いなす態度からは決して生れてこない。お互いに、言語とは何であるかは、論ずるまでもなくわかったつもりになっていて、実は、よく考えてみると、ちっとも、言語とは何なのであるかが、これまでよく説明されてきていないことに気がつく。これは、言語現象だけをとりあげて、言語とはどういうものであるかを説明しようとしている限り、出てこない問いである。この方向で言語現象を扱う限りにおいては、今日でも相変らずソシュール言語学が設定した枠が意味を持つ。言語とは何であるかがわからなくなるのは、むしろ、人間の他のいとなみと言語とが、たとえば、そして特に、思想と言語とが、どのように関係し、相互に規定しあうのか、という問いをもった時である。たとえば、人間の持つ観念が、一つの語によって表現される時、言語現象を当り前のことと思っている言語学者は、ある一つの語をある一つの観念の表現であるとみなし、その両者の間に百パーセントの対応関係があると考え、それを前提として言語の構造を解明しようとする。しかし、たとえば、「日本人」という概念がつつみこむ観念と、「ニホンジン」という単語とは、決して百パーセント対応しあうものではない。われわれを「日本人」たらしめている現実と、われわれがいだく「日本人」という観念とは、必ずしもぴったりと対応しあうものではない、ということは誰にでもわかる。しかし、現実と観念の間のずれだけでなく、観念と言語の間のずれをもおさえる必要がある。われわれがいだく「日本人」という観念は複雑な広がりを持っているのであって、「ニホンジン」という語にはなかなか吸収しうるものではなく、他方また、われわれが用いる「ニホンジン」という単語は、言語が社会的広がりを持つ限りにおいて、われわれがいだく「日本人」という観念をはるかにはみ出した意味を包みこんでいく。沖縄の歴史的現実を頭におく時に、体制側の論理で「復帰」を考える者にとって、「日本人」という観念は正の指数であり、われわれにとっては、それは負の指数である。つまり、体制側の論理は、日本人である、ということを、ことをすすめていく上での積極的な前提としているのであり、われわれは、日本人であるという規定が沖縄支配にかぶさっていく否定的な規定である、と考える。ところが、「ニホンジン」という同一の語でその観念を表現しなければならない時には、「日本人」という観念が正の指数であったり負の指数であったりする部分は表現されずに残る。一つの語について考察しても、すでにこういう問題が出てくる(ついでながら、多くの言語学者がこの種の問題を論ずる時に、「山」とか「犬」とかいったなるべく単純な概念を例としてとりあげることにも私は疑問を持つ。単純な要素から得られた結論をそのまま言語の本質とみなすとすれば、そこには多くの飛躍があるといわねばならない)。まして、言語は語ではなく文である。言語と観念の間にあるずれはこの程度の考察ではとても押えきれない複雑さをもつ。そこまで頭においた上で、言語とは何であるか、という問いが出てくるのだ。

なぜ右のようなことを長々と論じたかというと、吉本隆明が言語の本質論を『言語にとって美とはなにか』で論じているのは、決して、単に言語論を言語論として論じたかったのではなく、文学や思想のように観念の世界を相手とする作業の場合に、まず、言語との関連において、観念の世界の位相を定めようとしたのであろう。このことは、最近の玉石とりまぜての言語論の氾濫にもあてはまる。人問にとって思想のいとなみとは何であるか、ということが問題にならない場合は、どのような思想を展開すればよいか、ということだけ追求していればすむ。しかしどのような思想内容を持つか、という以前に、そもそも思想を持つということは人間にとって何であるのか、ということから、まず我々は明らかにしていかなければならないのではないだろうか。そしてその位置づけの模索が、言語と思想の関わりを問う、という形になって出てくるので、その限りにおいては、玉石とりまぜてではあっても、言語論が多く論じられるのは歓迎すべき事態であろう。思想とは何であるかということが自明のことではなくなった、ということと、言語とは何であるかということが自明のことではなくなった、ということとは、同時にあらわれる現象である。吉本が言語の本質論として、指示表出と自己表出の二重性、ということをいい出したのは、以上のような意味での、言語とは何であるかという問いに答えようとした試みであるといえる。そしてその試みをなした、ということは、間接的には、人間にとって観念の位相とは何であるか、という問いが継続していたということであろう。さもないと、指示表出と自己表出の二重性、といった言語の本質のつかみ方は生れてくるまい。そして、このことを直接的な問いとして問うていったところに生れたのが共同幻想論である。

すでに本論からだいぶずれて、吉本の言語論の位置づけにいささか頁をさきすぎてしまったが、ことのついでに、以上のような問題意識がないと、吉本の言語論がどう誤解されるかを多少指摘しておこう。たとえば竹内成明の「吉本隆明の言語論批判」(宮内豊編『吉本隆明をどうとらえるか』芳賀書店)は、吉本の、「他のための存在という面で言語の本質が拡大されることによって交通の手段、生活のための語り言葉や記号論理は発達してきたし、自己に対する存在という面で言語の本質を拡張したとき言語の芸術（文学）が発生した」（『言語にとって…』一巻二三頁）という文を引用して、それにつづけて、「しかし、なぜ、対他性や指示表出性が生活のための言葉となり、対自性や自己表出性が文学表現になるといえるのか」と否定的に問い返している。けれども、吉本は、「言語の自己表出性が文学になる」なんぞということをいっているのではなく、自己表出性を「拡張した」時に文学になる、といっているのである。吉本が指摘するのは、言語は自己表出と指示表出の二重性としてあるのであって、その一方を拡張することがありえても、その一方のみで存在することはありえない、ということである。くどいようだが、自己表出とか指示表出というのは、言語の本質に関ることであるのに、竹内はそれを、言語の機能としてのみ理解してしまった。だから、文学表現は自己表出としての言語である、というふうに、吉本の発言を誤解してしまう。吉本は、言語は自己表出として機能する時と、指示表出として機能する時とがある、などといっているのではない。このように竹内は、言語の本質論と、言語の機能の説明とを混同するから、たとえば、言語の意味についても、同じ間違いを犯す。吉本が「言語の意味とは意識の指示表出からみられた言語構造の全体の関係である」（一巻七〇頁）と述べている定義も、「たちまち破綻をきたすであろう」と宣告を下し、自分なりの説明として、「言語記号が習慣としての力をもっているのであれば、その力と、すでに述べた各言語主体の力、主体作用によって非個性的な言語記号に個性的な表象を指示させる言語主体の力との、両者の力関係によって意味の問題をとらえていけばいい」などといい出す。しかし、吉本の右の文は、言語の意味とは何か、という問いに答えようとしたものであり、竹内がそれに対して述べた説明は、言語の意味はどのようにして決定されるか、という問いに答えようとしたものであるから、これではかみあわない。批判者にとって必要な能力は、まず、相手の問うている問いと、自分の問うている問いとが同じであるかどうかを確認する能力である。同じ誤解は、竹内芳郎が『展望』七月号に発表した言語論（『言語　その解体と創造』筑摩書房、に再録）にも出てくる。彼は、言語の機能上の相違として「明示性」と「含意性」の二重性を指摘し、それを基軸にして言語論を展開しようとしていて、それはそれなりに面白いのだが、おそらく、吉本を意識して、この「明示性」と「含意性」を「それぞれ、対象指示性と自己表出性と言い換えてもさしつかえない」などといいだす。しかし、明示性とか含意性というのは言語の機能の仕方の問題なので、自己表出と指示表出というのは言語の本質的な役割の問題なのであるから、簡単にいいかえるわけにはいかない。

私自身、そのうち自分で言語論を展開しなければならないと思っているが、ここではとりあえず、吉本が言語論として展開しているものは、言語の本質論である、ということがわかればいい。そして、言語の本質論を問う、という姿勢は、言語はどのようにして機能するか、という言語現象の観察からだけでは出てこないので、観念に関る人間の諸活動全体の相互的な位置づけの中で、言語の位置を設定する、という問題意識から出てくるのだ、ということをもう一度強調しておこう。こう見てきてはじめて、『言語にとって美とはなにか』を書いた吉本が、次に『共同幻想論』において、観念の位相をとらえきろうとする作業に直接にとりくんでいった問題意識の進展が理解できる。

『マチウ書試論』以後の約十五年の自分の問題意識の進展をふりかえりつつ、吉本が、「関係の絶対性」ということで自分がとりくもうとしていた問題は、「観念の問題」「幻想論の領域の問題」である、とはっきりいいきる時に、以上説明してきたような『言語にとって…』から『共同幻想論』にいたる問題意識の進展を頭において聞く必要がある。「関係の絶対性」とは、観念とは何か、ということの批判的追求の第一歩だったのである。そして、観念とは何かという問いを批判的に問うためには、観念を独立させて眺めていても仕方がないので、当然、はじめに引用した吉本の文にも出てくるように、「思想が現実の さまざまな場面でつきあたる接点の領域」（傍点田川）を問う、ということになる。

四

以上をふまえると「関係の絶対性」ということで吉本が言おうとしている問題は、決して、「現実の絶対性」などというふうにいいかえるわけにはいかない、ということに気づくだろう。「観念の絶対性」に対して「関係の絶対性」を対置したからとて、吉本をただの現実主義者であるかの如くに思いなすのは、およそ誤解にすぎない。「観念の世界で何をいおうと、要するに、絶対に意味をもつのは現実だけなのですよ」というふうに、「関係の絶対性」という表現をいいかえるとすれば、間違いもはなはだしい。しかし案外、吉本に賛成するにせよ反対するにせよ、「関係の絶対性」をこういう現実絶対主義の意味に読みかえてすましている人が多いのではないだろうか。

この種の誤解の典型として、ここでは、小林一喜の『吉本隆明論』(田畑書店、増補訂正版一九七〇年)をあげておこう。小林一喜は、彼が共同している津田道夫とよく似て、きわめて図式的に割り切った発想をする人物であるが、吉本論を展開するにあたっても、近代主義を前期・中期・後期の三つに図式的に分け、吉本を後期近代主義の代表者にしてしまう。現代日本の思想家の中で、近代主義とはもっとも対立的な思想家の一人が吉本だと私には思えるのだが、そしてその点はまず多くの読者が確認しうることだと思うのだが、その吉本を近代主義の権化としてきめつけるような図式的な割り切り方を小林一喜がしてしまうきっかけは、「関係の絶対性」をただの現実一元論の表現だと誤解してしまったところにあるのだから、出発点の誤解はおそろしいものだ。

小林一喜によれば、「吉本隆明の登場の意味は、戦後自意識が後期近代主義としての自我意識を、日本の思想状況のなかで貫徹させて出現し、前期および中期近代主義に対するラディカルな全面否定者として登場したことをものがたっている。そして『マチウ書試論』によって、そのエゴイズムの倫理性が解明され、『原始キリスト教はそれがどのような発想であれ、ユダヤ教派をたおせばよかったのだ』という論理のなかでとりあげられた『近親憎悪』の論理とともに、結果的に正しいものが正しいのだという関係の絶対性によって正当化しうる視点を確立することになる」(三八頁)

小林が吉本隆明をこのように「後期近代主義」と呼ぶ場合、「近代主義」なるものを彼は図式的に前期・中期・後期と分け、「前期近代主義」とは「理念としての近代にいかに接近するかという問題意識にとらわれている」だけのものであり、そこで、確立すべき理想と現実の間にある距離を自覚した時に、「中期近代主義」は「理想へ到達しようとする絶えざる主体の実践そのものが重要なのだとして主体性論を構成した」のであるが、それをさらにつきつめていってみると、「この世に実在するのは、いかにいまわしく、みにくかろうとも現実だけであって、理想などというものは幻想にすぎないという現実主義が登場することになる」のであって、それが「後期近代主義」であり、吉本はその代表だ、というのである。この近代主義の図式的な区分けは、何ほどかの真理性を持ってはいるけれども、図式的な区分けは、所詮整理好きのレッテルはりの作業にしかすぎないので、したがって、この区分けそのものについてここで真面目に議論するつもりは毛頭ない。ただ、小林一喜が吉本をこのように「近代主義」だと思いこんだのは、吉本＝現実主義、という勘違いからであり、この勘違いは案外広くひろまっていると思うので、その点ははっきり批判しておく必要がある。

実在するのは現実だけである、というのは、ある意味ではあまりにも当り前な認識であって、そういう認識を持ったからとて、それで「現実一元論」などときめつけるわけにはいかない。実在する現実を、しかも現在の体制内的な現実を、ただそのまま肯定して、そこに埋没して生きようとする時に、「現実一元論」になるのである。実在する現実に対してどう関っていくのか、という問いが欠け落ちて、実在する現実に埋没する時に、「現実一元論」になる。逆にいえば、実在する現実にどう関っていくのかということが、本質的な問いなのである。そしてその問いの一部として、現実と観念の接点が問題になる。実在する現実に対して、常に、それに対置される観念空間が形成される。この観念空間はそれ自体としてきわめて複雑な構造を持つ。観念がどういう仕方で現実との接点を持つのか、もしくは持たないのか、ということを、一つ一つの観念構造に関して問うていくことが、観念批判の基礎的な課題なのである。はじめに引用した『情況』の中の一文で、吉本が「あらゆる思想が現実のさまざまな場面でつきあたる接点の領域」ということをいっているのは、そういうことにほかならない。とすると、「関係の絶対性」という言葉を、重要なのは存在している現実の関係だけなのであって、自分が自分をどう思いこんでいるか、というような観念的な（いわゆる主観的な）設定などはどうでもいいことだ、という意味にだけ解釈すると、相当な見当はずれだ、ということになる。確かに、マタイが二三章二九節以下でいっているのは、とりあえず、そのように受けとれる内容である。

「禍いあれ、汝ら偽善なる律法学者、パリサイ人よ。汝らは預言者の墓を建て、義人の記念碑を飾って言う、我々が先祖の時代に生きていれば、預言者の血を流した先祖達の悪行に、加わってはいなかっただろう、と。そう言いながら結局は自分達も預言者殺しの子孫であることを立証しているのだ……。」何故なら、彼ら律法学者は、現在の「預言者」であるキリスト教徒を迫害し、殺しているではないか、というのである。昔の預言者に対して、頭の中でどう評価しようと、それは勝手だが、問題は、現在の現実の中で「預言者」として存在しているキリスト教徒にどう接するか、ということなのであって、決定的なのは現在の現実に対する関わりだけなのだ、と。——現実に対する関わりだけが結局は重要なのだということは、その限りにおいて正しい。したがってまた、ここのところを「関係の絶対性」と表現した吉本の主張を、次のようにいいかえた小林一喜の説明も、とりあえず正しい。

「ところで、『関係の絶対性』とはいったい何なのか。いうまでもなく、人はおのれの意志の自由にもとづいて革命政党に参加することもできるし、反動的な政治に加担することも可能である。なぜなら人間の意志は選択する自由をもっているのだから。しかし、彼が革命政党に入党したからといって革命家であるとは限らないし、また反動政治に加担したからといって、革命に一から十まで敵対するものとして登場するとはかぎらない。社会というものは、その総体的なメカニズムによって、ときに自称革命家の『革命』的実践が結果として反革命であることを実現させたり、反動政治への加担が、その意に反して革命への序曲を展開させることもありうるのだ。してみれば、人間の意志による選択の自由などというものは絶対的なものではなく、社会関係のなかで演じた役割とその結果のみが絶対的な意味をもつ」（三八頁）

そうには違いないのだが、吉本が問題として追求しようとしたのは、ここから先のことである。これだけのことならば、要するに、主観的な観念と客観的な事実という対立をいっているにしかすぎない。いくら主観的に自分は「革命」に加担していると思っていても、それではだめなので、現実にその人が何をしているか、ということのみが客観的な真実なのである、と。もちろん、これだけのことでも、観念的な左翼に対するつきつけとしては大いに意味を持ちうるのであるが、しかし、それをつきつけていく自己の基盤を問題にする時に、必ずしもことは明白ではなくなるのである。つまり、相手に対して、お前は頭の中で「革命」に加担しているつもりかもしれないが、現実には逆のことしかしていないではないか、とつきつけていく時に、ひるがえって、それでは自分自身、「現実の」革命として何を考えているのかが当然問われてくる。変ないい方だが、何が現実であるか、という問いが、もう一度思想の中にはねかえってくるのである。右のマタイのせりふに関していうならば、マタイは、現実の関係として、現在のキリスト教徒に対する関わりを考えている。ところが、キリスト教徒が預言者の真の系譜をひくものである、という設定自体が――この場合、預言者の真の系譜をひく、ということは、決して預言者の歴史的な位置づけから出発した認識ではなく、「預言者」というのは正典的権威の代名詞にしかすぎないのだから――したがって、預言者の真の系譜をひく、という設定自体が、自己の立場の観念的絶対性の主張にほかならぬ。それを、そのように観念的な絶対性として設定されたキリスト教への「関係」こそが絶対なのだ、といわれたところで、どうにもならない。自分のところにあるものこそが現実の関係なのだ、と主張してみても、相手は、いや、こちらこそ現実の関係なのだ、とやり返すにきまっている。そうなれば、真理を保証するものは党派にしかすぎなくなる。そうならずに、まさに現実の関係そのものが、どのようにして自己の立場の主張に接点を持つのか、ということが問われねばならない。マタイが、せっかく、昔の預言者の墓をいくら飾りたてても駄目なので、現在の関係こそ真実を決定するものだ、ということを言いえておりながら、その「現在の関係」をもう一度キリスト教的な観念の絶対性へと吸いあげてしまったことこそ、批判されねばならない。

　むろん現実の関係は、本当はそのような仕方で吸いあげることはできない。そういう吸いあげ方をした思想、そして、その思想に依拠した「実践」は、従って、何らかの形で現実に対するゆがみを含み、もしくはゆがみを強い、ゆがみを増幅させるものである。だから、思想が、おのれを絶対的な真理として確立するのではなく、常に現実の関係にたちかえり、そこにこだわり続けていくことがどこまでできるか、ということが、その思想の真理性の強さをはかる度合いになるはずである。

吉本が、「関係の絶対性」を口にした時には、おおむねこのような問題意識があったので、それは、『マチウ書試論』をよく読めばわかるはずのことである。「関係」を指摘するところから、もう一度、思想の領域を撃つ、という作業が必要になってくる。もしも、現実の関係だけが絶対なので、観念空間などはどうでもいいことだ、と「現実一元論」的に思いこんでいる人物ならば、その後、執拗に、観念の位相とは何であるかを問い続けて、共同幻想論に結実させる、というようなことはしなかっただろう。そして、「関係」を指摘するところから、もう一度、思想の領域を撃つ、いや、常に撃ちつづける、という作業を怠ると、結局は「現実の関係」という観念を絶対の根拠にする党派の思想で終ってしまう。だから、吉本が「関係の絶対性」ということで持ちこんだ問題意識は、小林一喜が「現実」ということで考えている地点よりも、もう一まわり先の問題なのである。はじめに引用した文で、吉本が「ここであらわれる〈絶対性〉という言葉は、観念の問題でないとすれば〈客観性〉とよぶべきところであった」といっているのは、そういうことであろう、「主観的な確信」に対する対立物を指摘するだけならば、「関係の客観性」といえばよいのだから。その「関係の客観性」から思想がとらえ返された時に、その「関係の客観性」を十分に押さえた位置に思想がおかれる時に、それが「関係の絶対性の視点」として現われる、ということであろう。

どうも、いささかくどく、吉本の論点を解説しすぎたようだ。しかし、吉本論と称するものの混乱を見るにつけ、くどい説明もせざるをえなくなる。小林一喜は、このように吉本を「現実一元論」としてとらえるところから、さらに飛躍して、「現実一元論」とは、「戦後自意識を貫徹する自我主義」であり、市民社会の原理であるエゴイズムの徹底だ、ときめつける。右のように吉本が慎重にとりくまざるをえなかった観念の位相をとらえる作業にまったく気がつかないで、吉本は「現実」を強調しただけだ、などと思いこむものだから、逆に、観念空間の問題は一切、自我意識の拡張にしかすぎない、などと幼稚なきめつけをしてしまうのだろう。このように観念の問題に関して幼稚な手合いが評論家づらする世の中だからこそ、観念批判の問題は重要な課題なのだ、と口をすっぱくしてもいいたくなるのだ。小林一喜が吉本を近代的自我意識の貫徹として見る見方が、いかに滅茶苦茶なこじつけであるかは、次の一文から知られよう。吉本の言語論の中の「自己表出」という概念だけを小林はぬき出してきて、言語論の領域で自己表出なんぞということを考える奴は、何でも「自意識」に還元してしまうのだ、ときめつけるのである。

「(自己表出について語っている吉本言語論の)『定式』を外延していけば、社会意識もその内側からみれば自己表出としての自意識そのものであり、その自意識の外側が社会意識なのだということになる。まさに『社会化した私』という観念の完璧な実現であることを知るだろう……」(四七頁、傍点田川)

言語論における「自己表出」という概念とエゴイズムの貫徹としての「自意識」とをいきなり混同する、などというのではお話しにならないが、それはともあれ、吉本がマチウ書から共同幻想論にいたるまでのところで追求しつづけた観念の位相の確定という課題は、まさに、小林がここで方法として用いている「外延していけば」というような発想が間違いだ、ということを指摘したものにほかならない。位相の違う観念相互の間でいきなり「外延していけば」などと類推関係を働かすわけにはいかないのだ。こういう馬鹿げたきめつけを小林がしてしまうのも、吉本の問題提起から、ただの現実主義しか読みとれなかった、ということから来る結果であろう。

こういうとんちんかんなきめつけならば、だれもすぐ気がつくだろうが、案外多くの人が読み間違っていると思われるのは、『マチウ書試論』と『エリアンの手記と詩』との関係である。この両者の間に十年近いへだたりがあるのは別としても（後述するように、『マチウ書』の二年前の『転位のための十篇』から『マチウ書』の間ですら、大きな展開の軌跡がある）、『エリアンの手記と詩』の中の、オト先生の言葉を、『マチウ書試論』の解説に用いる人が意外に多い。

「おまえは、イエスの悲しみを知つているだろう。そしておまえが自分の純粋さを守りつづけようと思うのなら、イエスのように生きてはならないよ〈それは死ぬより外に術のない道だから〉おまえは聖パウロのように生きるがよい　コリント後書にあつたね、〈我ら若し心狂えるならば神のためなり、心たしかならば汝らの為なり〉　エリアンおまえは若しかするとパウロのように人間の弱さに即しながら、あの純粋さをたどつていけるのかもしれない」

という、よく引用されるせりふである。ここでもついでに小林一喜に御登場願うと、彼はこのせりふを引用したあとで、

「人間の弱さに即して生きる、という原理の上に展開された強固な人生を歩む吉本隆明の自意識は、

ここではすでに問いつめられるだけ問いつめた自意識の一つの確信の上に出発しているのだ」(三七頁)と、またもや自意識の貫徹にしてしまっている。「人間の弱さに即して生きる」ということが何故強固な自意識になるのか、私にはわからないが、それ以前に、このオト先生のせりふを、吉本の思想の直接の表現とみなすのは無理がある。周知のように、この作品には三人の登場人物が出てくる。吉本が自らをなぞらえたエリアンと、ミリカという女性と、彼女を間にして、オト先生と。この作品で吉本自身の思想の表白であるのは、とりあえずエリアンの言葉だけであって、オト先生の言葉として吉本が書きつづっているものは、おそらく彼としては、何らかの機会に彼が接触したものの見方で、何ほどかの真理性と説得力をもってはいるが、かといってそれをそのまま自分の思想として受けいれる気にもなれない、という趣旨のせりふなのだろう。青年吉本が、「人間の弱さに即して生きる」という何ほどか真理めいた言葉を前にして、否定もできず肯定もできず、いらいらしている様子を私は想像する。いずれにせよ、このせりふから『マチウ書試論』までは、格段の開きがある、ということをここで指摘しておけば十分だろう。

五

さて、以上の論述の結論をまとめておくと、観念の場での思いこみ(自由な意思による選択)に対して、本当は現実の関係しか問題にならないのだ、ということをまず押さえておいた上で、その現実の関係に対して観念空間がどのような接点を持ちうるのか、もしくは、どのような接点を持ち直しうるのか、と問い返すところに生れたのが、吉本隆明の「関係の絶対性」の理念である。『マチウ書試論』末尾の比較的人が見落してきた句に、次のような句がある。

「しかし、人間の情況を決定するのは関係の絶対性だけである。ぼくたちは、この矛盾を断ちきろうとするときだけは、じぶんの発想の底をえぐり出してみる。そのとき、ぼくたちの孤独がある。孤独が自問する。革命とは何か。もし人間の生存における矛盾を断ちきれないならばだ。」

ここで「矛盾」といわれているのは、「人間は、狡猾に秩序をぬってあるきながら、革命思想を信じることもできるし、貧困と不合理な立法をまもることを強いられながら、革命思想を嫌悪することも出来る」という矛盾である。現実の関係においては秩序を擁護する位置に安住する者が、そこに安住しながら声を大にして語る「革命思想」は虚妄である。しかし、秩序から圧迫される部分の声としては、なかなか革命思想は形成されない。そのへだたりをどうやって克服するか、という問いは、一貫して吉本が問いつづけたことであって、それは周知のことであると思われる。それはたとえば、比較的最近、東大全共闘について言及した文章の結びに、「そういうことにこの東大助手たちが気付くのは、たたかうべき現実の場をことごとく敵に占領されても、わたしたちはなお幻想の砦によってたたかいをつづけなければならないということを知ったときだとおもいます」と述べているところにも現れる(「二つの書簡」全著作集一三巻六八八頁)。「関係の絶対性」をただの現実一元論としか思えないとすれば、この「幻想の砦」という提言には、戸惑いをおぼえるだけだろう。これは、右に指摘された「矛盾」を断ち切った先に確保されるべき幻想の砦である。というよりも、この矛盾を断ち切りつくすことが今のところ不可能であるとすれば、この矛盾を断ち切ろうとする永続的な運動の彼方に見はるかされる幻想の砦である。そういうものであるとすれば、われわれは、この幻想の砦によって闘いを続けつつも、常に他方で、関係の絶対性の視点からこの自らが「幻想の砦」として設定したものを撃ち続ける、ということになる。だから、「関係の絶対性」というのは、結論ではなくて、課題の提示であったのだ。それが課題の提示であるからこそ、詩人吉本は、「そのとき、ぼくたちの孤独がある」といわざるをえなかったのだろう。

『マチウ書試論』の二年前に書かれた（と著作集の編集者川上春雄氏は推定している）『転位のための十篇』の中の「絶望から苛酷へ」という詩は、『試論』の問題意識の前段階を示すものとして、比較してみると面白い。

「ぼくたちは愛をうしなつたときぼくたちの肉体をうしなつた
ぼくたちが近親憎悪を感じたとき
同胞はぼくたちの肉体を墓地に埋めた
……
……
ぼくたちの絶望は意味を拒絶される
反逆と加担とのちがひによつて

ぼくたちの屍はむちうたれるだらう」

（全著作集一巻一三五頁に再録）

ここではまだ、秩序に対する反逆か加担か、ということがいわば倫理の基準としておかれている。まだ比較的若かった吉本の純真な倫理感覚が見られる。そしてまた、時代の変革を志す多くの若者が同じ純真な倫理感覚でつき進み、しばらく進むと、この感覚だけではやっていけない足もとの重さにひきずられて、たじろぎを覚えはじめる。この倫理基準だけでやっていければ、話は簡単なのだ。加担する奴はけしからんので、反逆する者は正しい。――もっともこの詩の問題意識は、すでにそれほど単純ではないので、「反逆」を志して生きて来た「ぼくたち」が「近親憎悪を感じた時」には「肉体をうしなって」屍になる、と、「近親憎悪」の問題と重ねあわすことによって、『マチウ書試論』の序曲となっている。しかしこと「反逆と加担」については、「ぼくたち」はそのどちらかに従って裁かれるのだ、と言っているだけである。

それが『マチウ書試論』の方になると、ではいったい「反逆」とは何なのか、「加担」とは何なのか、という問いが正面に出てくる。秩序への加担もしくは反逆は「自分の自由な意志によって選択することができる」ようなものなのか。いや、「加担というものは、人間の意志にかかわりなく、人間と人間との関係がそれを強いるものである」。しかし「自由な意志によって選択する」ことができないとすれば、それはもはや倫理の問題ではないのではなかろうか。――ここまで問いつめて来て、普通ならば、ここであきらめて、運命的な決定論、それこそ一元的な現実主義へと身をゆだねる。これはもはや倫理の問題ではない、いくら自分の意志で体制を変革しようなどといきばってみても、所詮、おれはおれの現実を生きさせられちまっているだけさ、しょうがねえんだよな……。そこで「倫理」の問題は「自由な意志」と共に若き日の情熱の思い出となって、消え去る。――だが吉本は、「倫理」を「自由な意志」の水準のことで終らせないでその底の水準にまでつき入ってみようとした。この点で『転位のための十篇』から『マチウ書試論』への飛躍がある。

「秩序にたいする反逆、それへの加担というものを、倫理に結びつけ得るのは、ただ関係の絶対性という視点を導入することによってのみ可能である」（傍点吉本）と『試論』の吉本は言うのである。もしも現実主義的あきらめに身をゆだねてしまったならば、「党」に対する「忠誠」をつらぬいて、戦前戦中に「獄中非転向」を貫ぬき、その結果その「党」に対する物神崇拝を後生大事にかかえている「前衛」党の者達に対して、おれはああいう風に「反逆」を貫ぬく「倫理性」は持っていねえよ、何しろおれはおれの現実に強いられて生きるよりしょうがねえものな、とぼやきつつも、何か自分よりは一けた上の水準にいる倫理的に立派な連中とみなして終ったに違いない。そこをもう一歩ねばって、『試論』において「関係の絶対性」とよばれた問題意識に行きついたからこそ、その二千年前の歴史的文献とのとりくみの眼をもう一度現代へとふりむけた時、その三年もしくは四年後に書いた『転向論』、『芸術的抵抗と挫折』（いずれも『マチウ書試論』とともに評論集『芸術的抵抗と挫折』におさめられた）における「非転向の転向」批判へと結実していったのである。

吉本の書いた大量の文章の中でも、最も重要なものの中にはいるこの二論文の内容はよく知られているところであるから、ここで要約し直す必要はあるまい。「転向論」において分析された二つの転向の型、つまり、佐野学、鍋山貞親などにみられるところの、天皇制に屈し、「返り忠」とでも呼ぶべき仕方で官憲に協力していった場合と、逆に、「非転向」を貫き、「党」への忠誠のみに依拠していくことによって、「非転向の転向」とでも言いうるような態度を維持していった場合と、この二つの型の持つ問題が、『マチウ書試論』においても潜在的に追求されていたのである。前者の場合は、「日本の封建的な優性」に屈服したものであるが、後者の場合は、「日本の封建的劣性との対決を回避したもの」である。後者の場合は、非転向をたとえ貫いたとしても、それはいわば、主観的な倫理性を保ったにしかすぎないので、「一人の人間が社会の構造の基底に触れながら、思想をつくりあげてゆく問題とは、水準としてなりえない」のである。この「社会の構造の基底に触れながら、思想をつくりあげてゆく問題」こそ、関係の絶対性の問題にほかならない。同じことは「芸術的抵抗と挫折」においても、「一般的にいって、『前衛』的なプロレタリア詩にあらわれた政治意識と、下層庶民的なプロレタリア詩にあらわれた生活意識とが出会わねばならない『地帯』は、何人によっても手をつけられない『暗黒地帯』として残された、ということができる」という仕方で表現されている。

吉本がマタイ批判に手をつけていったのは、右のうちの、「非転向の転向」とでも呼ぶべき型の原型をマタイに見出したからにほかならない。現実と徹底的につきあうことなく、観念の絶対性を堅持することによって非転向を貫く、という思想の型、それはまた同時に、典型的な党派性の思想でもあるのだが、現代における党派性の「前衛」思想を克服していかなければならない、という課題の意識が、マタイを批判の対象として選ばせた理由であろう。獄中十八年どころか、数世紀にわたる迫害の中を幾多の犠牲者を出しながら、ついに観念の絶対性を守り切って生き残っていったのがキリスト教であるのだから。

ただ、吉本は、マタイのこういう特色を押えた上で、マタイ批判を展開し、関係の絶対性という課題の提示にたどりつきながら、そこからまたふり返って、マタイはどうして、一方できわめて強烈な観念性を提示しつつ、しかもその観念性を自ら批判する視点をもはらみつつ、それでなおかつ、最後にはくだらぬ宗教思想に堕ちていったか、というからくりを、その事態に気がついていながらも、どうしてそうなってしまったのかを追及していく努力はしていない。たとえば、マタイには奇妙な庶民的魅力がある。「野の花がいかにして育つかを学べ。労苦せず、紡ぎもしない。しかもあのソロモンがその栄華をつくしても、なおかつこの花の一つほどにも着飾ることはできなかったのだ。」その他、ちょっと耳にすれば忘れられないような魅力にみちたせりふは、マタイに多い。そういう魅力をふりまきながら、最後にはくだらぬ宗教意識へとひきずっていってしまう力、それは実は、この魅力そのものの中にあるのだが、そのあたりのからくりを明らかにしていく努力が、マタイ批判の課題として我我に残っていく。これはつまり、関係の絶対性という視点を提示しえたマタイが、何故、自らその視点によって批判されねばならない存在になっていったか、という問いとしてまとめられる。このことの具体的な追及がなされない限り、われわれ自身も「関係の絶対性」を口にしながら、いつのまにか「関係の絶対性」という観念に寄りかかっているだけの存在になりさがりかねない。これはまた、マタイが、あのイエスの生の現実を伝えるべき本を書きながら、キリスト教的観念の絶対性の中へとそれを吸収していった過程の追及としてもとらえうる。

これはまた、歴史を語るすべての者に共通して現れる課題でもある。歴史の過去について語る場合、それが二千年前の原始キリスト教についてであろうと、ほんの数十年前の戦前戦中の日本のことであろうと、我々は「自由な意志」によって「正しい立場」を選びとり、その立場から、歴史を批判的に叙述することができる。だが、その歴史的過去から切りとってきた「正しい立場」をそのまま現在の「正しい立場」とみなし、自分がそれにくみしていると思う時、実はそれでは、現在の問題についてはおのれの思想を閉鎖的な空間にとじこめてしがみつくことにしかならない。その「正しい立場」はおのれの生きている現実とは決してまじわってこない。何故なら、過去の歴史を断罪する時には、おのれの眼は過去の現実の関係の中にはいず、「自由な」雲上の空間から眺めているからである。その過去からひきだしてきた「正しい立場」から現在を断じようとする時、現在の現実と執拗につきあう思想とはならず、閉鎖的な観念空間で一人相撲をとるのである。たとえそれが、単に過去の歴史について の能書きだけに終らず、現在の「活動」の中においてその「正しい立場」を倫理的に一所懸命「実践」しているつもりになっても、所詮そうなのである。この種の「実践」は閉じられた観念空間の上積みにすぎぬ。「実践」自体が閉鎖的な観念空間の化体にすぎないからである。他方、そういう眼で描かれた過去の歴史もまた、それが二千年前の原始キリスト教についてであろうと、ほんの数十年前の戦前戦中の日本のことであろうと、客観的批判的に描かれているようで、所詮、絵に描いた餅なのである。

現在の現実との往還のない歴史叙述は、過去の生きた事実にはふれない。

初出と自己批評

「原始キリスト教とアフリカ——帝国主義の宗教思想」

これは『伝統と現代』三七号（七六年一月号）に「原始キリスト教、もしくは帝国主義の宗教」と題して発表した。もともと本書の一章にするつもりで書いたので、印刷上の間違いは別として、全然変更はない。実は雑誌の方には、これの三分の一弱の要約を三六号の「宗教特集」にのせる約束だったのが、時間が足りなくなり、要約と本論の両方を書くことができず、結局雑誌の方には一号遅れて、本書に入れるものをそのまま発表していただくことになった。我儘をお許しいただいた同誌編集者の林利幸氏に、ここにおわびとお礼を申上げておきたい。もっとも、偶然とはいえ、拙論は「宗教とは何か」の特集よりも、「ナショナリズム」を特集した三七号にのった方がふさわしかったようである。書き上げたのは七五年十月二五日だが、構想は、一世紀の小アジアの言語状況を気にしはじめた七二年の頃からあり、そして、七四年十月にアフリカにきて、当地の状況との歴史的類比を考えることが、その芽生えはじめていた構想を一挙に具体的な像に定着させた。

内容的には、これでアフリカのキリスト教の状況がつかめたなどとは、さらさら思っていない。またそれは本論の主題でもない。せいぜいのところ、表層の現象をかすった程度だが、少くとも、従来、キリスト教を論じる人も、他方また現代アフリカを論じる人も、こういう視点はほとんど無視してきているから、その点で拙論の意味はあろうかと思う。現代アフリカについては、新植民地主義の問題だの、諸解放戦線の活動だの、或はまた、人類学者好みの「原始」の生活だのに注目する人は多いが、やがては「キリスト教国」にもなりかねない勢いでキリスト教がひろまっている、という実態だけは、好もうと好むまいと、どう理解しようと解釈しようと、現代アフリカを知るための不可欠の要素の一つであろう。

原始キリスト教については、これでもって、原始キリスト教史を全体として描き上げる視点がほぼできたと言ってよい。あとは時間と労力の問題である。ただ、「帝国主義の宗教」と一言で言い切っておくと、算術的に早合点して文句を言う人がいるといけないから、次の諸点は本論ではふれえなかったこととして附記しておこう。イエス自身、またそのイエスのあとを追おうとした福音書記者マルコのことについては、むろん、「帝国主義の宗教」という定義で覆いうるものではない。この定義は、原始キリスト教の主たる流れを指摘したものである。イエスとマルコについてはすでにずい分述べたから、ここでふれる必要はないと思った。それに対して、ヤコブ書と黙示録の二者には言及しておくべきだったと思う。この両者は、原始キリスト教の生み出した文書でありつつも、帝国主義に抵抗する思想をそれぞれなりに、そしてそれぞれの限界を伴いつつも、提示している。特に黙示録は、従来ともするとローマ帝国の「キリスト教迫害」に対決した書物としてみなされがちであったが、決してそれだけのものではない。むしろ、ローマ帝国の経済支配（貨幣と大規模商業、海運）、社会支配、政治支配を直接的にあげつらっているし、言語支配を間接的にあげつらっているし、キリスト教の内部批判をも何ほどかやってのけている。こういう「例外」をあわせて考察することで、原始キリスト教の主流の特色もより的確に描けたと思うが、本論ではそこまで及ばなかった。

「ウィリヤム――宗教的世界世論の本質」

これは未発表で、七五年十二月十四日に書き上げた。しかし、書きはじめたのは七四年初夏で、この間の時間と体験の推移が、文章をひどくむらと矛盾のあるものにしている。つまり、七二年夏から七四年夏のドイツ滞在期間中に、ウィリヤムの虐殺についての西欧キリスト教「進歩派」の告発活動に出くわし、そのイデオロギーの質に現在の日本の状態にも共通する問題を感じたものだから、報告的な文章にイデオロギー批判を含ませつつ週刊誌にのせるつもりでいたところ、資料の一つが手にはいらぬままに自分がアフリカに来てしまい、そのあと何度も書いては全部書き直す、という反復をくり返して、現在の形になった。アフリカの近代化のはらむ問題状況が一般の日本の読者にほとんど知られていない以上、事件報道的な解説に短くまとめることは不可能でもあり、無意味でもあると思った。それで知っている人にとってはくどすぎるくらいに、アフリカの現状を全体として説明する努力をしながら、その中にウィリヤム報道の問題点を位置づけていこうとしたのである。特に〔一〕と〔二〕はその趣旨のもので、知っている人にとっては言うまでもないこと、もしくは片寄った僅かの知識にすぎないと思われるだろう。ただ、キリスト教的西欧イデオロギーがどういう場でどういう方向に働くか、ということを描くのに、その場そのものについての知識をぬきにするわけにはいかなかったので、非力を知りつつも、いろいろ書いてみたのである。未知の大陸にとびこんできて、ほとんど毎月、何か新しい体験によってこの大陸を見る視点が変化していく、という生活の中では、何度も何度も全部書き直しては、その度に分量が増大していくのもやむをえなかった。三ヶ月たった今書けば、またさらに違ってくるだろう。しかしそれではきりがないし、また、基本的な趣旨は結局変らないので、一度思いきって文章を終らせようと思った。その基本的な趣旨とは、アフリカを描いていて実はアフリカにない。言いたかったことはキリスト教的西欧イデオロギーに対して、キリスト教を半ば括弧に入れて目をつぶった形ではあるが、大部分の日本人があまりに無防備に身をさらし、歓迎してしまっている、ということに、寒気のするようなおそろしさを感じている、ということである。

「ウェーバーと現代」は、副題の「日本ウェーバー学者の問題意識」の方が本当の題で、「ウェーバーと現代」は講演の主催者がとりあえずつけた題であるが、そのまま借用した。これのみ講演の録音をおこしたものである。これには前史がある。一九七一年の一月から六月まで、『日本読書新聞』で総合誌の月評を引受けた。それを私にやや強引に引受けさせた担当者の富岡氏が、その後勁草書房に移ってこの本の編集をしてくれているので、もともと編集者と著者の協力関係が出発点から存在している。その月評の三回目（三月二九日号）に「ウェーバー主義者の斜視」と題して、ウェーバー「学者」諸氏を揶揄したのがことのはじまりである。その主たる内容は本論の〔三〕の前半でふれた内田芳明の「ヴェーバー的問題」なる意識の批判であった。ところが名古屋学院大学図書館が同年十月にウェーバーについて連続講演会を主催するにつき、お前は読書新聞でああいうことを言ったからには、現在の日本でのウェーバー受容につき一度きちんとものを言うがよい、とのことで講演者の一人として招待された。講演時の約束でその骨子を同年十二月号の『情況』誌に公表した。さらにその後、講演主催者が連続講演をまとめて発行する計画をたてられ、風媒社から『ウェーバーの思想と学問』と題して発行された。これは講演会全体の記録であるから、『情況』誌に拙論は既発表であったが、再録に同意した。その際、『情況』誌にのせる時には省いた発言も、全部もとにもどした。本書にのせるのは、その風媒社版に更に手を加えたものである。講演の文章なので、敢えてそのまま「です」調にし、聴衆の反応もそのまま記してある。講演の時には多少息ぬきに横道的に話した部分も、そのままにした。それに対し、〔三〕の後半で『ブリューメール第十八日』を論じた部分と、〔四〕の後半部分は、講演に対してかなり大幅に補った。「註」とした部分も同様である。さらに本書に再録するにあたって、文章の通じにくいところを修正し、言葉を補った。特に〔一〕の終の、ウェーバーの「知識人層」の問題については、文章がおよそわかりにくかったので、かなり書き足した。それ以外は講演のままである。

内容については特につけたすことはない。ただ、この拙論を、大塚久雄は学問だけやっていて、「実践」にはげまないからだめだ、という趣旨に受けとった人が一定数いる、と私に話をしてくれた人がいる。さらに、これはつくり話だろうから、大塚氏御自身には責任のないことだろうけれども、大塚氏がこの拙論について、「批判するのなら、学問的にやってくれないと困りますね」と言った、という話も伝わってきた。これには私はげらげら笑ってしまったが、一人わざわざ手紙までくれた人がいて、お前の大塚批判には、「思想批判の中に生活モラルを混入して」いてけしからん、「研究室だけに閉じこもっていた者にはこういうことはわかるまい」とは何ごとだ、と文句を言ってくるに及んで、これは笑い話ではないのだ、と思わざるをえなくなった。お読みいただければおわかりいただけるように、拙論は、大塚久雄が何をどう「実践」しているか、もしくはいないか、などということには全然関心も示していないので、ましてや、大塚氏の「生活モラル」がどうなっているか、などは、まったくどうでもいいことである。唯一の関心は、ウェーバーの焼き直しで自足している彼の理論と思想がおよそだめだ、ということであって、そのことを、理論的、思想的に、また文献的に批判しているだけである。だから、文句があれば、理論と思想の水準で私の立論を批判すればいいので、それ以外には文句のつけようはないはずである。

こういう、とんちんかんが逆立してきりきりまいしているような「批評」に対して、いちいち反論を書くのもあまりに馬鹿げているけれども、そういう誤解が現にありうる以上、くどいようでも説明はしておこう。学問をやる人間がその生活時間の大部分を研究室ですごすのは、当り前なことであり、そこでのしんどい緻密な作業をぬきにしては、学問もへったくれもあるまい。敢えて「生活モラル」をうんぬんするのならば、研究「室」——それが大学の部屋であろうと、茶わんと洗濯物に囲まれたおのれの四畳半であろうと——で、日々、疲れて思考の限界がくるまで仕事をし続けることもしないで、学者づらをするとすれば、それこそ「生活モラル」がなっていない、と言える。ただ、そんな程度の水準のことは普通はわざわざ言う必要もないから黙っているだけである。問題はただ、そうやってなされる思想の作業が、世界史的規模の現実の、そしてまたおのれ一個人が飯を食い、生息する場の現実の、解明となっているかどうか、さらにはその現実をどう動かしていけるかという問いにどこまで根深くつながっていっているか、ということなのである。一九六頁で、「研究室のなかで文献の頁をめくっているだけ」うんぬん、と言ったのは、そういうことを言っているので、そのような根深い問いを持たずに、横文字を縦に直して切ったはったやっているだけでは、学問の方法もへったくれもないだろう、と申し上げただけである。そのことは、一六〇頁で「自分の生きている場においての思想的な取組み」と述べた点、一八五頁で「自分たちの生きている状況の現実から問題を切り出していく」と述べた点からも明らかであろう。私はここではあくまでも、思想もしくは学問のいとなみを問題にしているのである。

しかし、このようにとんちんかんな批評がなされるのも、六十年代末の全共闘運動がつぶされていく過程で、ある種の動揺をもたらした心理状態を思うと、同情できないこともない。その頃、一定数の人々は、「実践」というと、いわゆる街頭闘争に出て行くか、何か非日常的な騒ぎをやらかすか、あちこちの闘争に助っ人として「救援」に出むき、あたかも自分が張本人であるかの如くにわいわい言いつのることだと思いこんでいた。今でもそういう人はいよう。これらの活動もむろん必要なことだし、私も必要に応じてかなりやってきた。だが、そういう活動は、「実践」のごく表層的な一部なのであり、現実に食いこむ実践は、最終的には、あまり意味もないかのように思える日常のあかにまみれたところにしかない。それを知らずに、右のような「はなばなしい」ことだけを「実践」とみなし、それをやらない者はみんな駄目だとあげつらうことが「闘争」になるかの如く思いこんでいる者が一定数いたのである。

けれどもそれでは浮き上ってしまっていつまでもやっていけるはずはない。特に、多くの闘争がつぶされていくと、そこでおのれの場にもどってきた時に、足もとの不安定さに気がつく。学生の場合にはそれが、「学問」や「思想」への回帰ということになる。「実践」に参加せずに眺めていただけで、すでに一種の空しさを感じていたものも、心理的には同様の回帰をなしていく。そして実際、既成のブルジョワ学問は、いざとりくんでみれば、ちょっとやそっとでは歯が立たない強さを持っている。足もとを固め直すのは確かに結構である。そして、既成の学問の手ごわさにもう一度立ち向うのも結構である。いや、思想とか学問とかをうんぬんするのならば、この手ごわさを突破しなければ、何も言えないはずである。しかし、この回帰が、以上の浮き上った「実践」概念の裏返しに終る時には、今度は逆に、人が「自分の生きている場においての思想的な取組み」などというと、かつて自分がいやになっておさらばした「実践」と重ねあわせてみてしまい、田川の奴は、街頭闘争でじたばたするところにしか本当の思想はない、などと安っぽいことを言っている、と勘違いしてしまうのである。

『マチウ書試論』論——これは『情況』一九七一年六月号と八月号に連載した。その成立事情については、本文の中でふれたからここではくり返さない。本書に再録するにあたって、文章のわかりにくいところをかなり直し、多少の附加を行なった。特に、最後の『転位のための十篇』から『マチウ書』を経て『転向論』にいたる問題にふれた部分（二四八—

二五〇頁）は今回の附加である。また、結論（二五三頁）も新しく書き足した。――内容については、特にここで書き加えることはない。あとは、すでに多少諸雑誌に発表したおのれ自身のマタイ論をさらに大幅に探究し直して完成させるのみである。これは大きな作業となろう。

なお「ウェーバーと現代」も、この『マチウ書試論』論も、初出誌に掲載するにあたって、当時『情況』の編集者をしておられた七字英輔氏にかなりお世話になった。ここに感謝の気持を表現しておきたい。

最後に、難しい問題に言及しておこう。本書の初校を見る段階ではじめて、本書の組版、印刷は台湾の印刷所でなされる、ということを知った。本書の六五頁で言及した事態が、当の本書の生産そのものにおいて生じているのである。そこまで日本企業の台湾への進出がひろがっているとは、日本にいなかったとはいえ、気がつかなかったことである。自分の著作活動そのものが、直接的にその中におかれたのである。おそらくは、出版社側の理由としては、第一に組代が日本の印刷所よりもずっと安いこと、第二に仕事が比較的丁寧なことであろう。後者の点だけでいえば、これは結構なことである。だが前者の点は、要するに労働力を低賃銀で搾取している、というにつきる。かといって今のところ私には、出版社に対して、台湾の印刷所に頼むことをやめるようにと申し出る勇気はない。本書については、私の知らぬうちにすでにそういう形で初校まで仕事が進められてしまったから、それを途中でやめろ、ということは、零細企業の印刷所にも、同じく零細企業の出版社にも、大きな負担をかけすぎることになる。だがもっと一般的に言って、日本の出版界の事情からして、我々の書くような初版三千部から四千部、多くて五千部といった書物が、ともかくも読者の手に比較的買い易い値段で手にはいりやすいようにするのは、印刷費の高騰からして、ますます難しくなってきているのである。今までにしたところで、日本の比較的小さい印刷屋さんの労賃が低めに押さえられることで、はじめて我々の出版が可能になっていた。ここに我々の出版行為の矛盾がある。それが今、日本ではますますむつかしくなってきたから、台湾に出て行った、ということなのである。私には、書物が、特に我我の書くような内容の書物が、非常に高価になって、金持にしか買えない、などということになるのは耐えられない。第一、それでは出版する意味もなくなる。かといって、その出版のために、台湾の印刷労働者の賃銀が安く押さえられる、とすれば、これまた正しからぬことである。今のところ私には、この矛盾からぬけ出す道が見つからない。ここではとりあえず、問題点を申し上げ、読者の皆さまの手にとどく書物はこういう矛盾をはらんでいるのだ、と言うにとどめる。あと約一年半後に帰国するまでには、何とか自分としてとる道を見つけたいと思う。

それにしても、高くない賃銀でこの拙文の活字を拾い、組む仕事をしておられる労働者はどういう感情をもって仕事をしておられることか。著者というしがない位置からではどうにもならぬこととは言え、せめて彼らの賃銀が徐々にでも上昇することを祈りたい。そしてこれは単に賃銀の問題ではない。印刷労働者にとって、自分達の国民に読まれる仕事をするのははりあいのある仕事ではあっても、他国の、今や強い資本の力をもって自分達に経済侵略してくる国民の言葉の出版物の仕事をするのは、面白くないことであろう。

生きて、仕事をするのは、どうも、悲しいことである。それでも、何とか道を探しながら、続けねばならぬ。

（一九七六年三月十七日）

著者略歴

1935年　東京に生まれる
専　攻　新約聖書学
連絡先　〒666-8691 兵庫県川西郵便局私書箱17
著　書　『原始キリスト教史の一断面』(1968年、勁草書房)
『イエスという男』増補改訂第2版 (2004年、作品社)
『書物としての新約聖書』(1997年、勁草書房)
『マルコ福音書 (註解)』上巻 (1997年増補改訂版、新教出版社)
『キリスト教思想への招待』(2004年、勁草書房)、ほか多数
訳　書　『ウィリアム・ティンダル』(2001年、勁草書房)、ほか数冊
ホームページ　http://www6.ocn.ne.jp/~tagawakn

歴史的類比の思想

1976年6月25日　第1版第1刷発行
2006年9月5日　改装版第1刷発行

著者　田《た》川《がわ》建《けん》三《ぞう》

発行者　井村寿人

発行所　株式会社　勁《けい》草《そう》書房

112-0005 東京都文京区水道2-1-1　振替 00150-2-175253
(編集) 電話 03-3815-5277／FAX 03-3814-6968
(営業) 電話 03-3814-6861／FAX 03-3814-6854
総印・青木製本

ISBN4-326-15388-1　Printed in Japan